クロスロード・パーソナリティ・シリーズ ②

メディアと
パーソナリティ

坂元 章【編著】 Sakamoto Akira

ナカニシヤ出版

「クロスロード・パーソナリティ」
シリーズ刊行にあたって

　パーソナリティに対する関心は強く，心理学に対する興味の中心の一つと言ってよいでしょう。しかし，パーソナリティとは何で，どのように測定できるのでしょうか。血液型性格診断や犯罪者の安易なプロファイリングなど，人間のパーソナリティや心についての「語り」が過度に単純化され，マスメディアを通して商品化されている傾向があります。これに対して，人間の心のもつダイナミックで創造的な，少し複雑なプロセスを明らかにしていきたいと考えています。

　ここでのキーワードは「パーソナリティ」です。パーソナリティは，狭く「性格」だけを指すのではなく，個人と社会，生命と文化などを橋渡しする広くて柔軟な心理学的概念と位置づけています。

　このようなパーソナリティの研究は，社会心理学，発達心理学，臨床心理学，心理測定学，進化心理学など多岐にわたります。『クロスロード』とは「交差点」「集落」を意味します。交差点にはさまざまな方向から人が集まり，そこでひとしきりコミュニケーションがなされ，新たな文化を生みだす集い・集落ができあがります。それは決して成熟しきった大都会ではなく，むしろこれから文化が芽生えようとする場です。このシリーズでは，躍動するパーソナリティの諸相を描くなかで，社会に豊かな人間理解の手がかりを与え，人の心から生まれ出るさまざまな問題を解決する糸口を提供します。

　「クロスロード・パーソナリティ」にふさわしい内容としては，1）敏感な嗅覚で，社会と学問の動向を嗅ぎ取り，いままさに最先端の研究に取り組んでいる，若手の研究成果であり，2）体系的知見の意味や生活への展開について，わかりやすい切り口からの討論・紹介

であり，3) 心理学の近接／関連領域とのコラボレーションを通じての新たな可能性と到達点の紹介などです。これらの企画を通じて，時代のニーズや話題をいち早く取り入れ，パーソナリティ研究の突破口を切り開いていきたいと考えています。

このように，本書は，短兵急な結論ではなく，少し時間をかけて，パーソナリティと人間の多様性，個人差のもつ意味などについてじっくりと考えていただこうとしてシリーズを企画しました。編集方針としては，1)「パーソナリティ」を軸に自らの言葉で社会に発信する。2) 一冊一冊絞られたテーマについて，イラストや図表などを用いわかりやすくコンパクトに紹介する。3) 躍動するパーソナリティの諸相を描くなかで，社会に豊かな人間理解の手がかりを与える。4) 人の心から生まれ出るさまざまな問題を解決する糸口を提供することを掲げました。

目を海外に転じますと，Big Five（性格の 5 大因子）を性格研究のルネッサンスと位置づけようとする立場や，性格研究の 5 つの分析レベルを提案した New Big Five，文脈から人を捉えようとする立場など，パーソナリティ研究の特徴である，総合的な人間研究について活発なコロキウムが展開されています。

心理学に解答が求められることが多い現代の諸課題は，実は要因が複合的に作用しており，単独の学問にとどまらず，学際的，学融的（transdisciplinary）なアプローチが求められています。本シリーズが，パーソナリティ研究の成果を再結集することによって，互いの違いを認めたうえで，各人が自律的に，自らのサクセス・ストーリーを生きる一助になればと考えています。

編集委員

安藤寿康，安藤典明，堀毛一也，北村英哉

坂元　章，杉山憲司，丹野義彦，渡邉芳之

まえがき

　近年,世間ではメディアの悪影響問題が注目されてきました。とくにパーソナリティに対する悪影響は,その中心的なものであったといってよいでしょう。暴力シーンが暴力的な人間を育てるのではないか,メディアに没頭していると社会性の乏しい人間になるのではないか,これらのことが噂されてきました。

　心理学の研究もこれらの問題に対応して研究が進められてきました。しかしながら,メディアとパーソナリティの問題は,こうした悪影響の問題だけではありません。良いパーソナリティを身につけさせるためにメディアを活用することや,どのようなパーソナリティをもつ人がどのようなメディア接触をするのかという問題も関心を呼んできました。また,メディアを使ってパーソナリティを測定しようとする研究や,インターネットなどのメディアを介したときに,パーソナリティがどのように捉えられるかという問題を扱った研究もあります。さらに,メディアを使う人のパーソナリティがどのようにイメージされているかという関心もあるでしょう。このように,メディアとパーソナリティの問題にはさまざまな側面があります。

　本書は,こうしたメディアとパーソナリティの問題について,現時点までの研究動向をまとめたものです。テレビ,テレビゲーム,インターネット,ケータイの4つのメディアごとに,それに詳しい新進気鋭の研究者によってまとめられています。それぞれが第1章〜第4章に対応しています。

本書の四つの章

　第1章は，テレビとパーソナリティについて扱っています。テレビとパーソナリティに関する研究はもともと非常に多くありますが，この章では，とくに研究の盛んであった認知能力，攻撃性，性役割観に関わる研究を重点的に扱っています。テレビに関する研究は歴史があるだけに進展しており，テレビとパーソナリティの関連に関するデータは豊富にあるだけでなく，その関連を説明する理論的な議論も深まっています。また，研究の蓄積が豊富であることから，後述するメタ分析も盛んに行われています。本章では実際に，こうした理論やメタ分析がたびたび紹介されています。本章では最終的に，テレビ視聴がパーソナリティに及ぼす影響は軽視できないが，その影響は，実際に視聴するコンテンツや視聴行動によって左右されるのであり，テレビを単に遠ざけるのではなく，むしろ主体的にこれを利用していくことの重要性が指摘されています。

　第2章は，テレビゲームとパーソナリティについて扱っています。テレビゲームについては近年，その普及が急激であったことや，その影響問題が注目されており，この章においても，テレビゲームの普及や歴史に関する社会的背景の問題に紙幅が割かれています。また，テレビゲームに没入する子どもの問題が注目されてきたことから，テレビゲームで遊ぶ理由や動機，さらにそこから，テレビゲーム遊びを導くパーソナリティの話題について記述を展開しています。テレビと同様に，認知能力や攻撃性の問題を扱っていますが，他にも，社会的な関心に対応して，社会性や依存の観点を重要なものとして扱っています。本章では最終的に，暴力に対する影響は十分に明らかにはなっていないことを指摘し，そうした状況であるにもかかわらず，世間では悪影響論が盛んである状況に警鐘を鳴らしています。

　第3章では，インターネットについて扱われています。テレビゲ

ームと同様に，社会的背景について多く書かれており，依存を扱っている点も共通しています。しかしながら，テレビやテレビゲームで扱われていた知的能力や攻撃性の代わりに，人間関係，不安，孤独などが扱われています。これは，インターネットが対人コミュニケーション・メディアとしての特性をもっていることを反映していると考えられます。また，コミュニケーションの相手のパーソナリティの知覚の問題も取り上げられており，これは，コミュニケーション・メディアならではのものと言えます。本章では最終的に，インターネットの影響をはっきりさせていくには，おおざっぱな捉え方では不十分であり，詳細な検討が必要なことなどのいくつかの指摘をしています。

　第4章では，ケータイについて扱われています。扱っている事項は，インターネットと類似しており，その普及と歴史などの社会的背景の紹介とともに，人間関係，依存，不安，孤独などが扱われています。ケータイでは，近年，それに没頭してしまう青少年の問題が強く指摘されているからでしょうが，依存の問題が関心をもたれており，本章でも大きく扱われています。また，ケータイセラピーや，ブログの問題についても紙面が割かれており，現在，ケータイが青少年に密着したメディアになっているため，こうした活用や影響が重要な問題であることを反映していると思います。本章では最終的に，現在のところ，ケータイとパーソナリティについては，相関関係が見出されているものの，影響関係はあまり検討されていない状況であることが指摘されています。また，単発の研究だけでなく，包括的な理論やモデルが必要であることも指摘されています。

　こうした章からなる本書によって，「メディアとパーソナリティ」に関する，さまざまな研究動向を知ることができるでしょう。

各章だけでなく……

　これらの章は，メディアごとに独立して書かれており，それぞれによってそのメディアに関する研究動向を知ることができますが，それらを通読し，各章を対比させることによって，いろいろな発見をすることも可能です。たとえば，次のようなものがあげられます。

　第1に，各章の記述は，それぞれのメディアに対する社会的注目を反映したものになっているように思われます。依存の問題は，テレビではそれほどいわれていませんが，テレビゲーム，インターネット，ケータイでは盛んに懸念されてきました。とくにケータイでは盛んであり，研究もそれに伴って行われているようにみえます。社会性に対する悪影響も，テレビではいわれておらず，テレビゲームについてしばしば指摘されるものとなっています。

　第2に，各章の記述は，それぞれのメディアの特質を反映しているようにみえます。インターネットやケータイは，コミュニケーション・メディアであることから，テレビやテレビゲームとは異なり，人間関係，孤独，不安などの対人的な特性が取り上げられているように思われます。また，コミュニケーション相手のパーソナリティに対する知覚の問題も扱われています。さらに，ケータイでは，その青少年における密着性から，セラピーやブログの問題が注目されることになると思われます。

　第3に，各章の記述は，それぞれのメディアに関する研究知見の蓄積の違いを反映しているように思われます。最も蓄積のあるテレビについては，理論的議論やメタ分析が多くみられています。また，テレビの影響はかなり実証されたものと捉えられていますが，テレビゲーム，インターネット，ケータイとなるに従って，研究量の不足と結論の弱さが目立ってくるようにみえます。ただし，これは，研究の蓄積が少ないことと同時に，後者のメディアになるほど，多重性や複雑性が高い機能をもつものとなるので，何らかの結論を導

くことが簡単にはできなくなっていることにも原因があるかもしれません。

この他にも，いろいろなことに気づかれるかもしれません。ぜひ本書の各章を読んで，それぞれのメディアに対する理解を深めるとともに，各章を通読して，互いの関係を意識しながら，メディアとパーソナリティ研究の全体像を捉えていただければと思います。

本書における「パーソナリティ」

さて，本書を読んでいただく前に，本書の理解にとって助けになることではないかと考え，あらかじめ2つのことを説明しておきたいと思います。

1つ目は，本書で扱うパーソナリティの内容です。一般に，パーソナリティという言葉は多様に使われています。これを，性格という言葉とほとんど同じ意味に捉えている研究者も少なくないと思いますが，一方で，パーソナリティという言葉を，時間的に安定した個人の心理的特性全般を指すものとする捉え方もあります。実際に，日本パーソナリティ心理学会は，2001年，前身の日本性格心理学会から名称変更を行いましたが，これは，ひとつには，この学会が性格だけでなく，知的能力をはじめとして，もっと広く人間の心理的特性に関する問題を扱おうとする意思を反映させたものです。本書も，基本的にこの捉え方に従うものと考えていますが，ただし，インターネットやケータイの章では，人間関係の在り方なども扱っています。これは，状況によって変動しやすいものにもみえますので，時間的な安定性の点で，これまで述べてきたような意味でのパーソナリティの範囲にはやや含めにくいものであるかもしれません。このように，本書では，パーソナリティの範囲を一部で少し広く捉えていると言えるかもしれません。

2つ目は，パーソナリティ研究の方法論です。本章では，メディ

アとパーソナリティの問題に関する実証研究の知見が大量に紹介されています。それらの知見については、それを生み出した方法論の特質を踏まえることによって初めて、その正しい評価が可能になります。そこで、やや硬い内容になりますが、以下に、実験、調査、パネル研究、メタ分析など、心理学研究における代表的な方法について簡単に説明します。

研究の方法

　心理学研究の代表的な方法としては、まず実験があります。これは、典型的には、被験者を無作為に複数のグループに分け、それぞれの被験者を実験室に呼び出して、グループによって異なった環境に置くものです。そして、それらの被験者の反応や行動を観察し、それらをグループ間で比較します。たとえば、暴力を含むテレビゲーム使用が人々の攻撃性を高めるかどうかを検討したいとき、被験者を、テレビゲームで遊ぶグループと、当たり障りのない映画などを見るグループに分け、それぞれのメディア接触後の攻撃性を何らかの仕方で測定し、それを2つのグループ間で比較します。もし、前者のほうが後者よりも攻撃性が高ければ、テレビゲーム使用は攻撃性を高めると結論されます。実験は、ある変数が別の変数に影響するという因果関係を明確に特定できる点で優れていますが、a）明らかにできることが通常、短期的な影響だけであること、b）実験室の中で得られた知見が現実的な場面に適用できるかどうかが不明確なこと、などの欠点があります。なお、ここでのメディア接触のように影響を与える変数を独立変数、攻撃性のように影響を与えられる変数を従属変数といいます。

　調査は、こうした欠点を克服します。調査ではふつう、実験のように研究者が被験者ないし対象者の環境に介入することなく、質問紙などを使って調査対象者の自然の状態——とくに複数の変数間の

関係性——を検討します。たとえば，調査対象者が日常生活においてテレビゲームで遊んでいる時間と，その対象者の攻撃性を同時に調べ，「テレビゲームで長く遊ぶほど，攻撃性が高い」など，それらの変数間の関係性を検討します。これは，現実的な場面を直接に捉えたものであり，また，この結果には，長期的な影響が反映されうるものとなります。しかし一方で，調査には，因果関係の存在を特定することがまったくできないという問題点もあります。たとえ，「テレビゲームで長く遊ぶほど，攻撃性が高い」という結果が得られても，「テレビゲーム遊びが攻撃性を高める」のか，「もともと攻撃的な人がテレビゲームで遊ぶようになる」のかが，まったく区別できないからです。なお，このように調査では，2つの変数の単なる共生起関係であれば明らかにできますが，こうした共生起関係は相関関係と呼ばれており，そこから調査研究を相関研究と呼ぶことがあります。

　以上のように，実験と調査のどちらにも欠点がありますが，この両者を克服するものとしてパネル研究があります。これは，同一の対象者に対して，同一の調査を，ある程度の時間間隔を置いたうえで複数回にわたって行う研究方法です。こうして得られたデータを，一定の仕方で分析することによって，ある程度まで因果関係を特定できることが知られています。また，パネル研究は，調査と同様に，現実的な場面を直接に捉えたものであり，同時に長期的な影響を把握できるものでもあります。このようにパネル研究の利点は大きいのですが，しかし，これにも問題点があります。たとえば，a）複数回の調査を実施するので対象者にとって負担になること，b）複数回の調査を行っているうちに対象者が減ってくるが，それによって対象者の特質に偏りが生じて，一般性が低下しうること，などがあげられます。なお，パネル研究は，パネル調査，縦断研究，縦断調査と呼ばれることもあります。縦断研究や縦断調査という言葉は，

複数回の調査における調査の内容が必ずしも同一でない場合にも使われます。それでも必要な変数が複数回にわたって調査されていれば、因果関係の特定はある程度可能となります。

以上にあげた実験、調査、パネル研究は、本書のなかでもしばしばみられるものですが、それぞれに一長一短があり、それらを場面に応じて適切に使い分けて、複層的ないし相補的に使用することが重要といえます。

もうひとつ、重要な研究方法として、メタ分析について説明する必要があります。これは、複数の実験、調査、パネル研究などで得られた結果を統計分析によって統合する手法です。それぞれの研究で報告された、2つの変数間の関連性の大きさを表す統計量（効果サイズ）に基づいて、それまでの研究全体において、どれほどの効果サイズがみられていたかを明らかにします。個々の研究は、その固有の事情や、偶然の変動によって、少なからず結果が影響されうるものと考えられます。それゆえ、メタ分析によって多くの研究が示している頑健な結果が何かを知ることはきわめて重要です。実際に、研究結果の蓄積が進んでいるテレビやテレビゲームの研究分野では、メタ分析がしばしば行われています。

研究の課題

本書を読めば、メディアとパーソナリティの研究について知ることができます。そこで、最後に、むしろ本書の各章であまり書かれていないことについて、いくつか指摘したいと思います。これらは、まだそれほど研究が進んでいないため、今後のメディアとパーソナリティ研究に期待される課題でもあります。

第1に、パーソナリティを調整要因として扱う研究です。メディアとパーソナリティに関する研究の中では、パーソナリティを従属変数として扱っているものがよくみられます。メディアによってパ

ーソナリティがどのように影響されているかを検討する研究です。また，どのようなパーソナリティをもつ人がどのようなメディアに接触するかという研究もあります。これは，パーソナリティを独立変数として扱っています。さらに，メディアとパーソナリティが互いに影響していることを明らかにした研究もあります。これは，両者を独立変数としても従属変数としても扱っています。

　これら以外に，パーソナリティを，他の2つの変数の関係を増減させる調整変数として扱うことも可能です。たとえば，テレビにおける暴力シーンの視聴は，子どもの攻撃性を高める影響があることが示唆されてきましたが，このとき，視聴者が主人公に自分を同一視する傾向があると，この影響は強まるとされています。すなわち，同一視傾向というパーソナリティは，暴力シーン視聴が攻撃性に影響する関係の調整要因であるといえます。こうした調整変数の解明は，影響関係の過程を考えていくときに重要な論拠となり，重要なものですが，パーソナリティを調整変数とする研究は乏しい状況があります。これは，パーソナリティの違いによって影響関係が異なることを示す必要がありますが，実験における，操作された条件とは異なり，パーソナリティの違いは，極端に違いのある条件とはならないことから，調整要因としてのパーソナリティの効果を示すのが難しいことなどによるものと考えられます。しかしながら，将来的には，研究の発展に伴って進んでいくことが期待される問題ではあります。

　第2に，メディア間の特質の違いに関する議論です。テレビとは異なり，テレビゲームには相互作用性という特質があります。インターネットは，さらにその2つと異なり，相手とコミュニケーションするという特質があります。ケータイには，いつでもどこでも使えるというユビキタス特性があります。これらの特質の違いが，どのようにパーソナリティとの関係において扱えるのかについて研究

が進んでいないようにみえます。テレビゲームの相互作用性を問題にした研究は，ある程度はありますが，まだ十分な成果を出していないように思われます。インターネットでは，相手のパーソナリティがどのように知覚されるかなどの研究はありますが，複数の人のパーソナリティの相性やダイナミックスの問題などはあまりみられません。ケータイについても，ユビキタス特性に関する分析や研究は非常に少ないように思われます。どのメディアについても，基本的に，メディアという相手からパーソナリティがどのような影響を受けるか，また，どのようなパーソナリティの人がどのようなメディアを好むかという，テレビの研究とそれほど変わらない枠組みで研究が進んでいるようにみえます。

　今後のメディアとパーソナリティの研究には，上のような課題があると思いますが，実は今後，これらに加え，メディアの融合という問題が現れてくると考えられます。本書では，テレビ，テレビゲーム，インターネット，ケータイと，メディアの種類別に記述をしています。しかしながら，今日でもすでに，インターネットやケータイにおいて，テレビ視聴やテレビゲーム使用が可能な状況となっており，それぞれのメディアの違いは曖昧になっています。そして，この傾向は今後ますます高まっていくと考えられます。未来のメディア状況がどうなるかわかりませんが，いずれ，今回のようなメディアの分類はしっくりこなくなり，その変化に合わせて，研究の枠組みに対する考え方も変えていかなければならないと思われます。おそらく，文字，静止画，動画，コミュニケーションなど，コンテンツの性質を基礎として，それに応じた整理が必要になってくるでしょう。先述したように，メディアの違いに対するアプローチがまだまだである状況ですが，これは，こうしたコンテンツの性質の違いにもつながっていく問題であると思います。

　メディアの社会的重要性は，今後も高まることはあっても，低ま

るとは考えられないものです。それゆえ，その心理学的研究も，ずっと価値のあるものであり続けると思います。この研究領域の発展は求められるところで，本書がこの分野の学習や研究の活性化に少しでも役に立つものであれば誠にありがたいことと思っています。

　末筆ながら，貴重な原稿をいただいた4名の著者の先生方に厚くお礼申し上げます。著者の方々は，編者の注文にもよく応えて下さるとともに，新しい研究動向も積極的に取り入れて下さり，内容豊かな原稿をおまとめいただきました。また，本書の公刊という貴重な機会を与えて下さりました「クロスロード・パーソナリティ」の編集委員会ならびにナカニシヤ出版の皆様にも重ねてお礼申し上げます。

2010年10月1日
お茶の水女子大学
坂元　章

目　　次

まえがき　*iii*

第1章　テレビとパーソナリティ───1
1　はじめに　1
2　知的能力　3
3　攻撃性　10
4　性役割観　16
5　テレビ視聴と視聴者のパーソナリティ特性　21
6　おわりに　27

第2章　テレビゲームとパーソナリティ───37
1　「ゲーム族」の性格？　37
2　テレビゲームの歴史と発達　39
3　テレビゲームで遊ぶ理由と動機　41
4　テレビゲームに夢中になりやすいパーソナリティ　44
5　テレビゲームと社会性　48
6　テレビゲームへの依存　50
7　テレビゲームと認知的発達　54
8　テレビゲームの暴力シーンと攻撃性　57
9　テレビゲームとその他のパーソナリティ　61
10　おわりに　62

第3章　インターネットとパーソナリティ───69
1　はじめに　69
2　インターネット利用による人間関係への影響　74
3　インターネット上で相手のパーソナリティは理解できるのか？　78

4 インターネット利用における個人差　80
5 インターネットを利用することによる利用者への影響　89
6 おわりに　94

第4章　ケータイとパーソナリティ────103

1 はじめに　103
2 ケータイの発展　104
3 ケータイとパーソナリティ特性　106
4 ケータイと対人関係志向　109
5 ケータイと孤独感　114
6 ケータイの心理的特性：CMC の比較から　117
7 ケータイ依存　123
8 ケータイ・セラピー　130
9 おわりに　137

第1章　テレビとパーソナリティ

近江　玲

1　はじめに

　私たちは毎日の生活のなかで，インターネット，テレビゲーム，携帯電話，CD や iPod といった音楽機器など，いろいろな電子メディアを利用しています。そのなかで，テレビは比較的古いメディアであるといえるでしょう。日本で本格的なテレビ放送が開始されてから 50 年以上の月日がたちましたが，いまだにテレビは，私たちの生活に欠かせないメディアであり続けています。たとえば，NHK 放送文化研究所は平成 20 年 6 月に，全国の 7 歳以上の国民を対象に「全国個人視聴率調査」を，首都圏の 2 歳から 6 歳までの幼児を対象に「幼児視聴率調査」を実施しました（増田ほか, 2008；諸藤, 2008）。その結果，1 日あたりの平均視聴時間は，7 歳以上で 3 時間 45 分，幼児で 2 時間 7 分であり，1 日の生活時間のうちかなりの割合がテレビ視聴にあてられていることが示されています。また，内閣府生活統括官（2007）が平成 19 年に全国の 10 歳から 30 歳までの青少年を対象に実施した「第 5 回情報化社会と青少年に関する意識調査」では，他のマスメディアと比較して，テレビの利用時間が圧倒的に多いことが示されています（図 1-1 参照）。ちなみにこの調査では，インターネットの使用時間についても尋ねており，インターネットの 1 日あたりの平均使用時間は 90.9 分でした。

　このように日常生活における人々のテレビ視聴時間が長いことや，

2　第1章　テレビとパーソナリティ

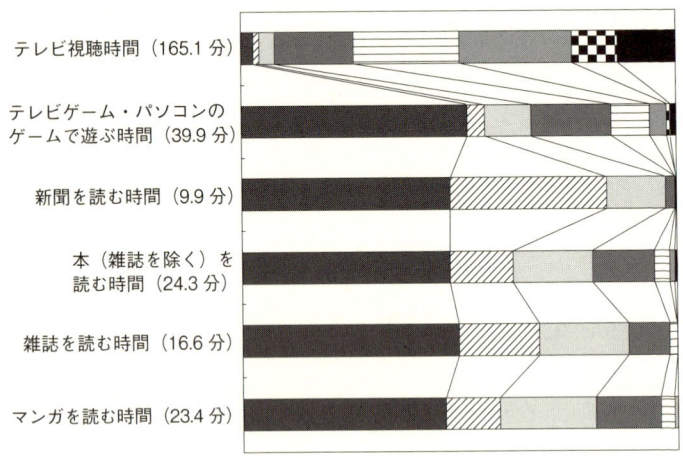

注）カッコ内の数値は，平日一日の平均使用時間を示す。

図1-1　平日1日のメディア使用時間
（内閣府（2007）「第5回情報化社会と青少年に関する意識調査報告書」を参考に作成）

　テレビ番組の娯楽性の高さ，映像がもつインパクトの大きさなどから，テレビは視聴者の身体的，精神的な各側面に大きな影響を与えると考えられてきました。そして，そうしたテレビ視聴による影響を明らかにするために，非常に多くの研究が行われてきました。本章ではそのなかから，テレビ視聴量と視聴者のパーソナリティとの関連を検討した研究を紹介したいと思います。

　最初に，パーソナリティの定義について簡単に説明します。心理学におけるパーソナリティの代表的な定義として，オルポート（Allport, G. W.）による「パーソナリティとは，個人のうちにあって，その個人に特徴的な行動や思考を決定する心理身体的体系の力

動的体制である」というものがあります（二宮, 2006 ; 第 4 章も参照）。またパーヴィン（Pervin, L. A.）はそれを，「パーソナリティとは，感情，思考，行動の一貫したパターンを説明するその人の諸特徴である」といいかえています（Pervin et al., 2005, 二宮, 2006）。従来，パーソナリティの研究では，感情や意志に代表される，気質的特徴が中心的に扱われてきました（子安, 2006）。しかし，パーソナリティを人間の心的行動的個人差の要因であると定義する場合，知的能力もその一側面だと考えられます（安藤, 2006）。本章では，より幅広い視点からテレビ視聴量とパーソナリティとの関連を概観するために，後者の定義に基づいて研究を紹介します。具体的には，テレビ視聴量が視聴者の知的能力，攻撃性，ステレオタイプ的な性役割観に与える影響に加え，視聴者のパーソナリティ特性とテレビ視聴量との関連についての研究を紹介し，議論していきます。

2　知的能力

[1] 研究の背景

　小学生や中学生だった頃，親に「テレビばかり見ていないで勉強しなさい！」と言われた経験のある人は多いのではないでしょうか。テレビ放映が開始された当初から，テレビ視聴によって視聴者，特に知的能力が著しく発達する時期にある子どもの知的能力が悪影響を受けるのではないかと懸念されてきました。現在でも，子どもの知的能力を高めるためには，テレビ視聴を控えたほうがいいという主張がしばしばみられます（浜田・外山, 2002 ; 週刊文春編集部, 2005）。

　テレビを多く視聴することによって，子どもの知的能力は本当に悪影響を受けるのでしょうか。テレビによる影響を検討した研究結果を紹介する前に，テレビ視聴が知的能力に与える影響のメカニズ

ムについて，これまでに想定されてきた理論を説明します。

　テレビ視聴が知的能力に与える影響を説明する理論として，最もよく知られている理論の1つが，**置き換え仮説**です。置き換え仮説とは，テレビ視聴時間が長くなると，その分，読書や自宅学習，創造的な活動など，子どもの知的能力を育成する活動時間が短くなってしまうため，テレビ視聴時間によって知的能力の発達が抑制されると主張するものです。

　次に，**情報処理理論**は，テレビの特徴と，それが視聴者である子どもに与える認知的な負担が，テレビ視聴が知的能力に与える影響に関係する，という理論です。たとえば，テレビ番組では速いペースで情報が提示されるので，視聴者である子どもは瞬時に情報処理をする必要があります。そのような情報処理には認知的に大きな負担がかかるので，負担を軽減するために衝動的な思考が促進されます。その結果，普段の集中力や注意力が低下し，知的能力を育成しうる知的活動ができなくなる，というのが，情報処理理論に基づく主張の1つです。

　一方で，テレビ視聴が青少年の知的能力を育成することを主張する理論もあります。それが，**興味刺激理論**です。興味刺激理論は，子どもはテレビ視聴によって，さまざまな分野に関する知識や，それらを学習するきっかけを与えられるというものです。興味刺激理論は，教育番組が子どもの知的能力に与える影響を説明する際によく用いられます。

　では，こうした理論に基づいて行われた研究によって，テレビ視聴量が知的能力に与える影響について，どのようなことがわかっているのかみてみましょう。

[2] テレビ視聴量が知的能力に与える影響

　欧米の一般家庭にテレビが導入された当初，テレビは子どもの

知的能力に大きな影響を与えると予想され，テレビの導入前後で子どもの知的能力を比較する研究がいくつか行われました。その中で最も有名なものの1つが，3つの地域を対象とした**自然実験**です(Harrison & Williams, 1986)。自然実験とは，社会のなかに「もともと存在している」独立変数の操作や被験者のランダム・サンプリングを利用して行われる実験であり（坂元，2004），この研究の場合は，テレビ放送の導入時期が異なることが独立変数の操作となっています。具体的には，テレビ放送が導入されていない地域（No-Tel），1つのチャンネルしか見られない地域（Uni-Tel），すべてのチャンネルを見ることのできる地域（Multi-Tel）の子どもの創造性，空間知覚能力，語彙が，2時点にわたって比較されました。1時点目と2時点目の間に，No-Tel にはテレビ放送が導入されました。その結果，1時点目においては，No-Tel の子どもの創造性が，Uni-Tel, Multi-Tel の子どもよりも高いという結果が示されましたが，2時点目では，このような差はみられませんでした。したがって，テレビ視聴によって知的能力が低下する可能性が示唆されました。しかしこの研究は，テレビ視聴量と知的能力との因果関係を厳密に検討できていないことに注意する必要があります。

これまでの間，テレビ視聴量と知的能力との間に規則的な関係（相関関係）があるかどうかを検討するために，非常に多くの研究や大規模な社会調査が行われてきました。そうした研究結果は，複数の研究によって示された結果を統合する研究手法である，**メタ分析**によって整理されています。

まず，ウィリアムズらは，1954年から1980年の間に行われた23の研究結果を統合しました（Williams et al., 1982）。このメタ分析の結果，週に10時間までのテレビ視聴量については，テレビ視聴量が多いほど知的能力が高くなるのに対し，テレビ視聴量が週に10時間以上になると，テレビ視聴量が多いほど知的能力が低くなると

いうことが示されました。このようにウィリアムズらのメタ分析は，テレビ視聴量と知的能力との間の相関関係は，単純な一方向性ではなく，テレビ視聴量によって方向が変わる曲線状の相関関係である可能性を示しました。

また，より最近では，レイゼル（Razel, 2001）が，全米学力調査（National Assessment of Educational Progress: NAEP），国際教育発達評価（International Assessment of Educational Progress: IAEP）など6つの社会調査データを対象にメタ分析を行いました。そして，テレビ視聴量と知的能力（読解，算数・数学，科学）との間の相関関係の形状は子どもの年齢によって異なるというモデルを想定しました（図1-2参照）。このモデルでは，テレビ視聴量と知的能力との相関関係は，子どもの年齢が高くなるにつれて直線状の負の相関関係に近づいていくという可能性が示されています。

これらのメタ分析では，ともに，テレビ視聴量が一定量を超えた

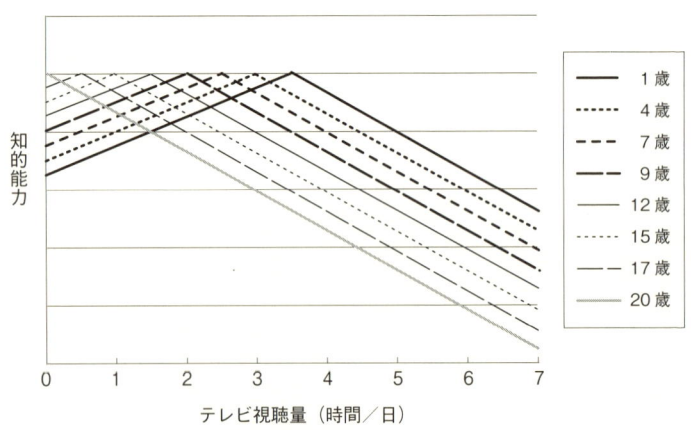

注）このグラフは，子どもの年齢ごとにテレビ視聴量と知的能力との相関関係がどのような曲線を描くかを仮定したものである。

図1-2 テレビ視聴量と知的能力との相関関係（Razel（2001）を参考に作成）

場合，テレビを多く視聴する子どもほど知的能力が低いという関連が確認されています。ただ，相関関係を検討するだけでは，テレビ視聴量が知的能力に与える影響を議論することはできません。なぜなら，テレビ視聴量と知的能力との間に負の相関が見られたとしても，それがテレビ視聴によって知的能力の発達が抑制されるためなのか，逆に知的能力が高い人はテレビを視聴しないせいなのか，判断できないからです。そこで近年では，テレビ視聴量が知的能力に与える影響を検討するために，同一の被調査者に対して複数回，同じ変数を測定し，そのデータについて特定の分析を行うという，縦断調査がしばしば実施されています。

まず，リッチーら (Ritchie et al., 1987) は，小学2年生，3年生，6年生を対象とした3回にわたる縦断調査で，テレビ視聴量が読解力に与える影響を検討しました。その結果，テレビ視聴量が読解力に与える影響は，研究対象者の学年や調査時点間で異なり，一貫した影響は検出されませんでした。しかし，クールストラら (Koolstra et al., 1997) によって行われた，小学2年生と小学4年生を対象にした3回にわたる縦断調査では，テレビ視聴によって読解力が低下するという悪影響が，調査時点間で共通して示されました。

日本においても，坂元ら (1998) によって，テレビ視聴量が小中学生の創造性，論理性に与える影響を検討する縦断調査が実施されています。その結果，平日のテレビ視聴によって論理性の下位能力である演繹能力が低下する影響，日曜日のテレビ視聴量によって創造性が低下する影響など，テレビ視聴量が知的能力に与えるネガティブな影響が，いくつか検出されました。

また，アクソイとリンク (Aksoy & Link, 2000) は，高校生を対象として，テレビ視聴量と数学の成績との因果関係を検討する縦断調査を実施し，テレビ視聴によって数学の成績が低下するという影響を示しました。

[3] 量より質？：番組の内容による影響の比較

　これまでみてきたように，テレビ視聴量は知的能力と負の相関があることが確認されており，テレビ視聴によって知的能力が低下してしまうというネガティブな影響もしばしば検出されています。しかし，テレビ視聴量と知的能力との相関関係は視聴番組の種類によって異なっており（近江・坂元, 2008），テレビ視聴が知的能力に与える影響についても，視聴する番組の内容によって左右されることが想定されます。特に知的能力の発達に影響を与えると考えられている番組の内容的特徴が，暴力性，娯楽性，そして教育性です。

　暴力的な番組の視聴量は，男子の学力（Huesmann & Eron, 1986）や創造性（Zuckerman et al., 1980）と負の相関があることが示されています。ただし，暴力的な番組の視聴によって知的能力が低下するという影響があるかどうかは，今のところはっきりとわかっていません。

　もともとテレビは娯楽を大きな目的としたメディアなので，娯楽的番組は幅広く定義されています。たとえばアンダーソンらの研究では，ニュースやドキュメンタリーといった情報番組と，暴力的な番組以外のすべての番組を，娯楽番組として定義しています（Anderson et al., 2001）。その研究でアンダーソンらは，青年を対象として調査を実施し，娯楽番組の視聴量が多い人ほど創造性や学業成績の一部が低いということを示しました。また，先述したクールストラらによる縦断調査，ならびに最近発表されたエンネモザーとシュナイダーによる縦断調査では，ともに娯楽番組の視聴によって読解力が低下するというネガティブな影響が検出されています（Koolstra et al., 1997 ; Ennemoser & Schneider, 2007）。

　教育番組については，興味刺激理論の説明で述べたように，視聴者とりわけ幼い子どもの知的能力を育成する効果が期待され，これまでに多くの実験や調査でその効果が検討されてきました（詳しく

はFisch（2002）によるレビュー参照）。とくに幼児を対象にした研究では，教育番組の視聴によって子どもの知的能力が伸びるという効果が，しばしば確認されています。近年行われた研究結果をみてみると，ライトらは縦断調査を行い，2歳時の子ども向け教育番組の視聴量が，3歳時の知的能力を伸ばす効果を検出しました（Wright et al., 2001）。また，ラインバーガーらは，読み書き能力の育成を目的とした教育番組の視聴が，幼稚園児と小学1年生の読み書き能力の育成にポジティブな効果を与えることを，実験研究によって示しました（Linebarger et al., 2004）。さらに，アンダーソンらは，幼児期の教育番組の視聴量が多い子どもほど，青年期の知的能力が高いという興味深い結果を示し，教育番組の視聴が知的能力に長期的な影響を与える可能性を指摘しています（Anderson et al., 2001）。

　ただ，教育番組の視聴が子どもの知的能力の育成に与える影響についての知見は，研究間で一致しているわけではありません。クールストラらおよびエンネモザーらによる縦断研究ではいずれも，教育番組の視聴が子どもの知的能力を予測するという効果の方向はポジティブであったものの，その強さは統計学的に意味があるほどではありませんでした。このように研究知見が一致していない理由としては，これら2つの縦断調査がアメリカ以外の国で行われたことや，研究対象者の年齢が比較的高いことなどが考えられます。今後，どのような要因によって教育番組の視聴が知的能力に与える影響が左右されるのか，さらに検討をしていく必要があるでしょう。

[4] まとめ

　テレビ視聴量と知的能力との間には，曲線状の相関関係が繰り返し確認されており，多すぎるテレビ視聴量は知的能力と負の相関があることは確かなようです。ただ，テレビ視聴が知的能力に与える

影響は,視聴するテレビ番組の内容によって異なっている可能性があるので,テレビ視聴が知的能力に与える影響を検討,議論する際には,視聴する番組の内容に注意する必要があります。

また,子どもにテレビを見せっぱなしにするのではなく,親子で一緒にテレビ番組を視聴する,番組の内容について話し合うなど,子どもの視聴行動に親が積極的に関与していくことによって,テレビ視聴が知的能力に与える影響は変化すると考えられています (Buerkel-Rothfuss & Buerkel, 2001)。テレビが私たちの生活に欠かせないものである以上,私たち視聴者が,適切なコンテンツを選択し,それを主体的に利用することが重要であるといえます。

3 攻撃性

[1] 研究の背景

近年,日本では,青少年による凄惨な殺人傷害事件が発生するたびに,加害者の青少年が暴力的な映画やテレビゲームなどを好んでいたことが報道されてきました。こうして,暴力映像が青少年の攻撃性に与える悪影響を指摘する声は,ますます大きくなっているようです (岡田, 2005)。

日本以上に暴力犯罪が社会問題となっているアメリカでは,早くも1960年代から,暴力映像が攻撃行動に及ぼす影響が懸念され,その影響を検討する研究がさかんに行われてきました (湯川, 2003)。したがって,テレビ暴力が視聴者の攻撃性に与える影響についての知見はかなり蓄積されており,その影響メカニズムに関する理論は,テレビゲームなど他のメディアによる影響を議論する際にも応用されています。

テレビの暴力映像が攻撃行動に与える影響を説明する理論のうち,ここでは,これまでの研究において安定して支持されている (佐々

木・堀内, 2007），社会的学習理論と脱感作理論について説明します。

社会的学習理論は，バンデューラ（Bandura, 1973）によって提唱されたもので，モデリング理論とも呼ばれています。この理論によると，子どもはテレビ番組を見て，登場人物が行う行動を観察し，模倣します。そうした模倣をとおして，子どもはその行動を自分自身の行動様式として身につけていきます。テレビ暴力に関して言えば，子どもはテレビをとおして攻撃行動を学習するので，テレビ暴力の視聴によって子どもの攻撃性が高まると予測されます。とくに，映像内の暴力行為が正当化される場合や，行為に対して何か報酬がある場合，子どもが暴力行為をより学習しやすくなるとされています。

脱感作理論は，暴力映像を繰り返し視聴することによって，暴力行為や攻撃行動に対して何も感じなくなり，その結果，攻撃行動を抑制しなくなってしまう，というものです。

その他にも，近年は，暴力映像が視聴者の攻撃性に与える影響を説明する理論として，バーコヴィッツ（Berkowitz, 1984）による認知的新連合理論が有力視されているようです（湯川, 2003）。これら，社会的学習理論と脱感作理論以外の理論については，第2章でも説明されています。

[2] テレビではどれくらい暴力行為が描写されているのか？

テレビではそんなにたくさんの暴力行為が描写されているのでしょうか？　ここで，テレビ番組に含まれている暴力描写を分析した，内容分析研究をいくつか紹介しましょう。

アメリカにおけるテレビの暴力描写に関する大規模な内容分析のなかで，1番早く行われたのが，ガーブナーのグループによるものです（Gerbner & Gross, 1978 など）。ガーブナーらは，1967年から1975年にかけて，9回の調査を実施しました。一連の調査結果を平

均すると、全対象番組（924番組）中の暴力番組の比率は79.8%にのぼり、1番組あたりの暴力行為数は5.1、1時間あたりの暴力行為数は7.4でした。その後10年以上経った1990年代に、より大規模で、幅広い視点に立った内容分析研究が、アメリカテレビ暴力研究（National Television Violence Study: NTVS）の一環として行われました（Smith et al., 1998など）。このプロジェクトでは1994年から1997年にかけて3回にわたり調査が行われ、合計で約10000時間、50000件以上の暴力行為が分析対象とされました。3回の調査結果を平均すると、対象番組のうち6割に暴力的な描写が見られ、1時間あたりの暴力行為数は6件でした。また、暴力描写が含まれている番組の割合を番組ジャンル別にみると、映画（90%）、ドラマ（74%）に続いて、子ども向け番組（67%）における割合が高いという結果が示されました。

このような、テレビ番組における暴力描写の多さは、日本においても確認されています。岩男は、ガーブナーらの研究手法に基づき、計665番組を対象に、1977年から1994年にかけて6回の調査を行いました（岩男, 2000）。その結果、6回の調査を平均して、約8割の番組で暴力描写がみられ、1時間あたりの暴力行為数は8.1件でした。さらに、2003年度から2006年度にかけては、NTVSの手法にならって日本テレビ暴力研究（Japanese Television Violence Study: JTVS）が行われています（坂元, 2005；坂元, 2007など）。計543番組を対象とした4回にわたる調査の結果、フィクション番組では5割以上に暴力行為が描かれており、1時間あたりの暴力行為数は5件程度でした。

こうした内容分析の結果によって、テレビ番組においていかに多くの暴力が描かれているかということが明らかにされています。逆にいえば、私たち視聴者が、テレビを通じていかに多くの暴力描写に接しているか、ということが、顕著に示されているといえます。

[3] 暴力映像の視聴が攻撃性に与える影響

テレビ番組の暴力描写が視聴者の攻撃性に与える影響についても、まずメタ分析による統合結果をみることにしましょう。これまでに行われたメタ分析では、テレビの暴力映像の視聴によって視聴者の攻撃性が高められるというネガティブな影響が、一貫して確認されています（Andison, 1977; Hearold, 1986; Paik & Comstock, 1994; Christensen & Wood, 2006）。なお、これらのメタ分析の対象研究には、多くの実験研究が含まれています。したがって、メタ分析によって統合された効果サイズは、知的能力の場合とは異なり、テレビ暴力の視聴が視聴者の攻撃性に与える影響関係を反映していると考えられます。

これまでに行われてきたメタ分析のなかで、パイクとカムストックは、1957年から1990年までに行われた217の研究を対象にメタ分析を行いました。そして、①テレビの暴力映像が視聴者の攻撃性を高めるという影響を示す効果サイズは、実験計画タイプの研究のほうが相関研究よりも大きいこと、②番組ジャンル別では、アニメ・ファンタジー番組の効果サイズが最も大きいこと、③正当化された暴力のほうが正当化されない暴力よりも効果サイズが大きいことなどを明らかにしました。

また、クリステンセンとウッドは、1991年に発表したメタ分析を、分析対象となる研究を増やして再分析しました。クリステンセンらは、友人や見知らぬ人との関わりにおいて自然に生じる暴力を重視し、こうした暴力を従属変数として測定している24の実験研究と**現場実験**を分析対象としました。現場実験とは、自然実験と同様に被験者の現実的な生活のなかで行う実験ですが、独立変数の操作やランダム・サンプリングを研究者の手によって行う点が自然実験と異なります（坂元, 2004）。メタ分析の結果、暴力映像の視聴は、他者との自然な関わりにおける攻撃行動に悪影響を及ぼすことが示さ

れました。また，被験者の年齢ごとに効果サイズを比較したところ，被験者の年齢と効果サイズの関連は6歳から10歳の少年期（pre-adolescent）をピークとした山型になっており，少年期までは年齢が高くなるほど効果サイズも大きくなる一方で，少年期を過ぎると年齢が高くなるほど効果サイズが小さくなりました。クリステンセンらは，こうした結果が示された理由として，少年期の子どもたちは，暴力映像を理解する能力を十分にもっている一方で，自分のなかで社会的行動のパターンがまだ確立されていないので，暴力映像からの悪影響を受けやすいという可能性をあげています。

このように，とくに実験研究において，テレビ暴力の視聴が攻撃性を高めることが確認されており，テレビ暴力の視聴は視聴者の攻撃性に対し，少なくとも短期的には悪影響を及ぼすと考えられます。日常生活におけるテレビ暴力の視聴が攻撃性に与える，より長期的な影響を検討した縦断研究は，それほど多く行われていません（Huesmann & Miller, 1994）。ただ近年，ヒューズマンらの縦断研究により，小学校低学年におけるテレビ暴力の視聴によって，青年期（15歳から20歳）の攻撃性が高められるという，長期的な悪影響があることが示唆されています（Huesmann et al., 2003）。

[4] ま と め

これまで欧米で行われてきた研究知見によって，テレビ暴力の視聴が視聴者の攻撃性を促進するという悪影響論は，おおむね支持されています。しかし，湯川（2003）は，テレビ暴力視聴と攻撃性との関連は，社会的文化的背景の影響を大きく受けると考えられることから，欧米で行われた研究結果を，日本の視聴者に対しそのままあてはめるべきではないと主張しています。湯川はさらに，テレビ暴力視聴が攻撃性に与える影響は，映像の特性や被験者がもともともっている攻撃性など，多くの要因によって左右されることにも注

意を促しています。

　また，社会的学習理論に基づけば，非暴力的な行動をテレビ番組内で提示することで，視聴者の攻撃性を抑制することも可能であると考えられます。実際に，攻撃性の対比概念とされる**向社会性**（報酬や犠牲をかえりみず，他者を助けたり，他者のためになることをしようとするパーソナリティ傾向）は，テレビ番組内で描かれた向社会的な行動を視聴することで促進される，ということが，メタ分析によって確認されています（Hearold, 1986 ; Mares & Woodard, 2005）。マレスとウッダードのメタ分析によれば，向社会的なテレビ番組の視聴が視聴者の向社会性を高める効果サイズは，パイクらのメタ分析によって示された，テレビ暴力視聴が攻撃性を促進する効果サイズと，大きさがほぼ同等でした。

　このように，テレビ暴力の視聴によって，視聴者がみんな同じように悪影響を受けるわけではありません。また，視聴する番組の内容に注意すれば，逆に視聴者の攻撃性を低め，向社会性を高められると考えられます。ただし，そうはいっても，テレビ暴力の視聴が視聴者の攻撃性に与える影響が無視できないものであることは確かです。こうした現状を受け，日本では民間放送連盟によって 17 時から 21 時までが「青少年の時間帯」と定められ，この時間帯の放送番組で暴力的表現などの自主規制が行われていますが，指定時間内のテレビ番組にはいまだに暴力描写が少なからず含まれていることが指摘されています（内藤・高比良, 2008）。したがって，放送制作側の自主規制に頼るだけではなく，子どもたちがテレビ暴力の視聴による悪影響を受けないよう，保護者や教育者がテレビ暴力の悪影響についてきちんと理解し，子どもの視聴行動にある程度気を配ること，そして子どもたち自身がテレビを批判的に視聴する能力，すなわちメディア・リテラシーを身につけることが必要でしょう。

4 性役割観

[1] 研究の背景

性役割観というのは，何やら聞きなれない言葉かもしれません。ここでいう性とは，生物的な性（sex）というよりもむしろ，社会的，文化的な文脈における性（ジェンダー :gender）のことを指し，性役割とは，それぞれのジェンダーにふさわしいと考えられる行動や態度のことです。たとえば，日本においては，男性がスカートをはいていると不自然だと感じる人が多いでしょう。また，多くの女性はある程度の年齢になると，外出する前に「お化粧をしなくちゃ」と思うでしょう。このように，それぞれの性にはこういう行動や態度がふさわしいという考え方を，性役割観といいます。

さて，ジェンダー概念の形成において，テレビは重要な役割を果たすと考えられています（相良, 2003）。アメリカでは，1970 年代以降，フェミニズム運動の高まりを受け，テレビ番組におけるジェンダー描写と，それが視聴者の性役割観に与える影響に関する研究が，数多く行われてきました。研究の大きな動機付けとなっていたのが，テレビ視聴によってステレオタイプ的な性役割観が形成されるのではないか，という懸念です。

ステレオタイプとは，ある社会的事象に対する，過度に単純化し，画一化し，固定化した概念やイメージを指します（東, 1994）。したがって，ステレオタイプ的な性役割観とは，「男性，女性はこうあるべきだ」という，柔軟性がなく偏った考えやイメージのことです。ステレオタイプ的な性役割観には当然，男性に対するものと女性に対するものがありますが，女性に対するものの方が，より厳格で定義が狭い傾向があると考えられています（Morgan, 1982 ; Signorielli, 1989）。そのため，テレビ視聴とステレオタイプ的な性役割観に関する研究においては，女性に対するステレオタイプがよ

り頻繁に扱われています。

テレビ視聴が視聴者のステレオタイプ的な性役割観の形成に与える影響を説明する理論として，最もよく使用されるのは，先述した社会的学習理論と，**培養理論**です。社会的学習理論に基づけば，視聴者，とくに幼い子どもは，テレビで描かれたステレオタイプ的な言動を模倣し，ステレオタイプ的な性役割観を学習してしまう，ということになります。また，培養理論は，ガーブナーらによって提唱された理論です。この理論は，ある特定の事象に関し，長期にわたってメディアによる描写に接触することで，その事象に関する現実認識がゆがめられてしまう，というものです（Gerbner et al., 2002）。この理論にあてはめれば，テレビをとおしてステレオタイプ的な描写に多く接触すると，視聴者はテレビで描かれていることが現実社会そのものであると認識してしまい，結果的に視聴者のもつステレオタイプ的な性役割観が強められてしまう，と考えられます。

[2] テレビではどれくらいステレオタイプ的な性役割観が描写されているのか？

社会的学習理論，培養理論のいずれも，テレビ番組内でステレオタイプ的な描写が多い，という仮定に基づいています。テレビにおいて，ジェンダーに関する描写に実際のところどれくらい偏りが見られるのか，ということを概観するために，アメリカと日本で行われた内容分析の結果を紹介します。

シニョリエリとバキューは，70年代から90年代にかけて放映された番組を対象に，登場人物の数，年齢，職業や役割について，男女間の比較を行いました（Signorielli & Bacue, 1999）。その結果，90年代においても，登場人物は男性である場合が多く，女性の登場人物は男性より若く，女性は主に家にいる描写が多い，ということがわかりました。ただ，年代がくだるにしたがって，専門職として描

かれる女性が増えたといったような変化も認められています。

　また，攻撃性の節で紹介した，岩男（2000）によるフィクション番組を対象とした内容分析では，ジェンダー描写についても分析されています。分析の結果，シニョリエリらによる研究と同様に，男性の登場人物が女性よりも多いこと，男性の登場人物の外見年齢は30代から50代が最も多いのに対し，女性の外見年齢は20代が最も多い，ということが確認されました。さらに，登場人物の職業を男女間で比較したところ，男性は「兵士・警官」「商・工・私企業」「政府・公務員」として描かれることが多かった一方で，女性の職業は「専業主婦」「学生」「サービス業・水商売」が多いという結果が示されました。

　このように，年代とともに改善されている部分もあるものの，全体的にみると依然としてステレオタイプ的なジェンダー描写が多いようです。今後，さらに内容分析を続け，こうした動向を観察する必要があるでしょう。

[3] テレビ視聴がステレオタイプ的な性役割観形成に与える影響

　テレビ視聴と視聴者のステレオタイプ的な性役割観の関連を検討する研究では，ステレオタイプ的な性役割観が，大きく分けて，態度的指標と行動的指標によって測定されています。態度的指標としては，男女に求められている社会的役割についての考え方や，性別にふさわしいと考えられるパーソナリティ，それぞれの性別に向いていると思う職業，被験者の性別にふさわしいとされるおもちゃに対する嗜好などがあります。行動的指標としては，被験者の性別にふさわしくないとされるおもちゃで遊ぶ時間（男の子だったら人形，女の子だったら電車など），家での手伝いの内容，非ステレオタイプ的な行動を視聴した後の模倣傾向などがあげられます。

　知的能力の節で紹介した，ハリソンらによる自然実験では，テ

レビ導入が子どもの性役割観に与える影響も検討されました（Harrison & Williams, 1986）。No-Tel と Uni-Tel に住む女子は，最初の調査の時点では，Multi-Tel に住む女子に比べ，非ステレオタイプ的な性役割観をもっていました。しかし，No-Tel でもテレビ放送が開始された2年後の調査では，No-Tel に住む女子の性役割観は Multi-Tel の女子と同様にステレオタイプ的になっており，男子でも同様の結果がみられました。

実験研究では主に，ステレオタイプの度合いが異なる映像を各群に視聴させた後に，各群の性役割観の変化を比較する，という手続きがとられています。たとえば，デイビットソンらは，アニメ番組が5歳から6歳の女子に与える影響を検討するため，子どもを3群に分け，①男子がリーダーになって問題解決をするアニメ（ステレオタイプ群），②男女が平等に問題解決に貢献するアニメ（中立群），③女子が中心となって問題解決をするアニメ（反ステレオタイプ群）のいずれかを視聴させました（Davidson et al., 1979）。視聴の前後で被験者の性役割認識を比較したところ，ステレオタイプ群，中立群の女子は，反ステレオタイプ群よりもステレオタイプ的な性役割観を示しました。この結果から，ステレオタイプ的な性役割観を映像視聴によって弱めるためには，中立的な描写では十分でなく，ステレオタイプに反する描写が必要である，という可能性が示唆されました。

反ステレオタイプ的な番組視聴による効果を検討した実験研究としてよく知られているのが，1978年から1979年にかけて実施された，「フリースタイル」という番組の効果研究です（Jhonston & Ettema, 1982 など）。この番組は，子どもの職業に関するステレオタイプ的な性役割観を変えるために作成されたもので，伝統的な男性社会において仕事での成功を目指す少女と，周囲の世話をやく少年の姿を描いたものでした（村田, 1987）。この番組を学校で視聴し

た後，クラスで討論した結果，生徒のステレオタイプ的な性役割観に変化がみられました。

　テレビ視聴が性役割観に与える影響を検討する縦断調査は，モーガンらによって精力的に行われています。まず，小学6年生と中学3年生を対象にした2回にわたる調査によって，1時点目の女子のテレビ視聴量は，2時点目の女性の職場役割に対するステレオタイプ的な認識を促進することが示されました（Morgan, 1982）。また，中学2年生を対象とした2回にわたる調査では，1時点目のテレビ視聴量によって2時点目の家事分担に関するステレオタイプ的な認識が高められていました（Morgan & Rothschild, 1983）。さらに，中学2年生を対象にした別の縦断調査で，モーガンはテレビ視聴が家事に関するステレオタイプ的な認識を高めることを確認するとともに，テレビ視聴は，実際の家事手伝いには影響を与えないこと，家事に関するステレオタイプ的な認識と，実際の家事分担には関連がみられないことを明らかにしました（Morgan, 1987）。

　こうした実験研究，調査研究による結果は，メタ分析によってまとめられています。ヘレット＝スケジェラムとアレンは，70年代と80年代に行われた，テレビ視聴とステレオタイプ的な性役割観との関連を検討した19の調査研究，ならびに11の実験研究を対象に，メタ分析を行いました（Herrett-Skjellum & Allen, 1995）。その結果，テレビ視聴量が多い人ほど性役割観がステレオタイプ的である傾向が高いという相関関係だけでなく，テレビ視聴によって性役割観がステレオタイプ的になるという影響があることが確認されました。また，最近行われたメタ分析でも，同様の結果が示されていると同時に，研究対象者が大人である場合よりも高校生以下である場合に効果サイズが大きいこと，研究対象者の性別や，性役割の指標の違い（態度か行動か）によっては，効果サイズにあまり差が生じないことなどが指摘されています（Oppliger, 2006）。

[4] まとめ

　これまで行われてきた研究によって，テレビ視聴が視聴者のステレオタイプ的な性役割観の形成を促進してしまうという影響が確認されています。一方で，「フリースタイル」の効果研究が示すように，反ステレオタイプ的な番組の視聴によって，性役割観が柔軟になるという可能性もあります。いずれにせよ，テレビ視聴は視聴者の性役割観の形成に，小さくない影響を与えることは確かです。

　ただ，こうした影響は，視聴者がすでにもっている性役割観によって異なると考えられています（Morgan, 1982 ; Pingree, 1978）。言うまでもなく，子どもたちは，テレビからのみ性役割観を学習するわけではありません。テレビ視聴がステレオタイプ的な性役割観を増強してしまう効果をやわらげ，反ステレオタイプ的な番組によるポジティブな影響を受けやすくするためにも，テレビ視聴以外の現実生活をとおして，子どもたちに柔軟な性役割観を身につけさせることが重要であると考えられます。

　近年，テレビにおけるジェンダー描写は，さらに多様になってきています。たとえば日本のドラマでは，弁護士，医者，シェフ，キャリアウーマンとして仕事に打ち込む女性が，以前に増して目立って登場しているように思えます。今後は，こうしたジェンダー描写の変化を確認するとともに，多様なジェンダー描写が子どもの性役割観の形成に与える影響を，さらに実証していくことが望まれます。

5　テレビ視聴と視聴者のパーソナリティ特性

[1] 研究の背景

　ここまでは，テレビ視聴が視聴者の知的能力，攻撃性，ステレオタイプ的な性役割観の形成といった，各パーソナリティ側面に与える影響を検討した研究結果を紹介してきました。今度は逆に，どん

なパーソナリティ特性を持つ人がテレビを多く視聴するのか、ということに着目した研究を紹介しようと思います。

メディア研究の一分野として、「利用と満足（uses and gratifications）」研究があります。これは、人々は受動的にメディアを利用しているのではなく、それぞれのニーズを満たすために積極的にメディアやコンテンツを選択、活用しているという考えに基づき、こうしたニーズとメディア利用との関連を明らかにしようとするものです。この「利用と満足」研究の一環として、視聴者のパーソナリティ特性とテレビ視聴行動との関連が検討されてきました。

ここで、パーソナリティの特性論について、簡単に説明します。個人がさまざまな状況のなかで一貫して示す行動傾向を、特性（trait）といいます。特性論とは、特性をパーソナリティの構成要素と仮定し、個人間のパーソナリティの違いは、特性の量や組み合わせの違いによって生じるという考え方です（青柳, 2006）。

パーソナリティがいくつの特性によって構成されているか、ということについては、因子分析によってさまざまな主張がされています。有名なのは、オルポート（Allport, 1937）による14特性（「支配的 - 服従的」「外向的 - 内向的」「自己批判的 - 自己無批判的」など）、キャッテル（Cattell, 1950）による12特性（「躁うつ気質 - 分裂気質」「情緒安定性 - 神経症的情緒不安定性」「如才なさ - 単純さ」など）、アイゼンクによる「外向性」「神経症傾向」「精神病質」の3因子説、ビッグ・ファイブ（Big Five）と呼ばれる5因子説です。ビッグ・ファイブについては、研究者によって因子の解釈や名称が違っていますが、ここでは代表的なものとして、コスタとマックレー（Costa & McCrae, 1992）による名称と概要、下位項目を紹介します（表1-1）。なお、各因子の概要は、杉浦・丹野（2008）を参考に記述しました。

さて、アイゼンクによる3因子と、ビッグ・ファイブはある程度

表 1-1　マックレーとコスタ（McCrae & Costa, 1992）のビッグ・ファイブ

(1) 外向性：人との関係などで，外界に積極的に働きかけるか否かの次元
　　　　　　隠退的 - 社会的
　　　　　　静か - 話し好き
　　　　　　抑制的 - 自発的

(2) 調和性：人との関係において，まわりの人と同調しやすいか否かの次元
　　　　　　和気 - 温厚
　　　　　　冷酷 - 心のやさしい
　　　　　　利己的 - 献身的

(3) 誠実性（勤勉性）：明確な目的や意志を持って物事をやり抜こうとするか否かの次元
　　　　　　軽率 - 慎重
　　　　　　たよりにならない - たよりになる
　　　　　　怠慢 - 誠実

(4) 神経症的傾向：危機に敏感に反応するか否かの次元
　　　　　　落ち着いた - うるさい
　　　　　　大胆な - 傷つきやすい
　　　　　　安心な - 心配な

(5) 経験への開放性：イメージや思考などが豊かか否かの次元
　　　　　　型にはまった - 独創的な
　　　　　　冒険心のない - 勇敢な
　　　　　　保守的な - 自由な

注：瀧本（2003）；杉浦・丹野（2008）をもとに作成

対応していることが指摘されています（杉浦・丹野, 2008）。「神経症傾向」と「外向性」は，両方の因子説で名称が共通していることからもわかるように対応するものであり，この2つの因子は性格特性の中でとくに重要な因子であるといえます。なお，ビッグ・ファイブの「神経症傾向」因子は，研究者によっては「情緒安定性」もしくは「情緒不安定性」という名称になることがあります。この場合は，「情緒安定性」が低い場合，「神経症傾向」が高いと解釈できることになります。また，アイゼンクによるもう1つの因子である「精神病質」は，衝動性や反社会的行動を示す次元であると考えられており，ビッグ・ファイブの「調和性」「誠実性」と強い負の相関を

示すことがわかっています（杉浦・丹野, 2008）。

こうしたパーソナリティ特性は，これまでテレビ視聴との関連を説明してきたパーソナリティの諸側面との関連が指摘されています。たとえばそれまでに行われてきた研究結果をまとめると，攻撃性はビッグ・ファイブの「調和性」や「情緒安定性」と負の相関が（Bettencourt et al., 2006），学力は「誠実性」や「経験への開放性」と正の相関が（O'Connor & Paunonen, 2007）あることが示されています。したがって，視聴者のパーソナリティ特性とテレビ視聴量との関連を検討することは，テレビ視聴がほかのパーソナリティ側面（知的能力や攻撃性など）に与える影響をより詳細に検討する手がかりにもなると考えられます。

[2] どんなパーソナリティ特性を持つ視聴者がテレビをよく見るのか？

先ほど紹介した各因子説のうち，テレビ視聴行動との関連が検討されているパーソナリティ特性は，アイゼンクによる3因子と，ビッグ・ファイブです。まず，アイゼンクの3因子とテレビ視聴行動との関連をみてみましょう。

1）アイゼンクの性格特性とテレビ視聴行動との関連

まず，マクィルレイスは，自分がテレビに依存している，いわゆる「テレビ中毒」であると認識する程度と，パーソナリティ特性との関連を検討しました（Mcilwraith, 1998）。その結果，テレビ中毒の程度は，神経症傾向，精神病質と正の相関がある一方で，外向性とは負の相関がありました。似たような結果がナビとリドルによっても示されています（Nabi & Riddle, 2008）。彼らの報告によれば，調査協力者の性別や人種，年齢などによる影響を除いても，精神病質傾向が高い人ほどテレビ視聴量が多いという正の相関が認められました。

次に，ウィーバーは，番組ジャンルの嗜好とパーソナリティ特性の関連を検討しました。その結果，神経症傾向が高い人ほどドラマ，情報番組を好む傾向があること，精神病質が高い人ほどドラマを好み，シチュエーション・コメディ（登場人物や場面が固定されたコメディ番組）は好まない傾向があることが示されました（Weaver, 1991）。シムとポールも，各番組ジャンルへの関心の高さをパーソナリティ特性ごとに比較しました（Shim & Paul, 2007）。その結果，神経症傾向が高い人はソープ・オペラ（主婦層を対象としたドラマ番組），リアリティ番組（ゲーム番組や公開オーディション形式の番組など），トーク番組に対する関心が高く，精神病質が高い人はニュース番組，リアリティ番組への関心が高く，外向性が高い人はリアリティ番組への関心が高い，という関連がみられました。一方，ホールによる研究では，テレビ視聴量とパーソナリティ特性との間には，明確な関連がみられませんでした。ただ，サブグループごとの分析を行った結果，サンプルの性別や人種によって，テレビ視聴量，もしくは番組ジャンルの嗜好とパーソナリティ特性との関連が異なる可能性が示唆されました（Hall, 2005）。

2）ビッグ・ファイブとテレビ視聴行動との関連

　ビッグ・ファイブとテレビ視聴行動の関連はどうなっているでしょうか。フィンによる研究では，コスタらの5因子のうち，外向性，開放性とテレビ視聴量とのネガティブな関連が示されました（Finn, 1997）。ペルセガーニらは小学生を対象とした調査を実施しました。その結果，視聴時間が長い人ほど情緒が不安定で，調和性，経験への開放性，誠実性が低いという傾向があることがわかりました（Persegani et al., 2002）。さらに，クルクマーとキーンは，神経症傾向の高い人が，暴力的な映像（テレビ番組と映画）をより多く視聴していることを明らかにしました（Krcmar & Kean, 2005）。

[3] まとめ

　テレビ視聴行動とパーソナリティ特性との関連を検討した研究結果を概観すると，若干一貫性に欠ける部分もあるものの，外向性が高い人ほどテレビ視聴量が少ない一方で，神経症傾向や精神病質，それに対応するビッグ・ファイブ因子の特性傾向が高い人ほどテレビ視聴量が多いという傾向が確認できます。また，パーソナリティ特性によって，番組ジャンルの嗜好が異なることも示唆されています。

　暴力的なメディア使用量が攻撃性に与える影響を検討した研究知見から，もともと攻撃性が高い人は暴力的なメディアをより好み，それによって攻撃的な特性がさらに強化されるという悪循環が懸念されています（Krahé, 2001 秦・湯川訳, 2004）。また3節で述べたように，暴力的なメディアの接触が利用者の攻撃性に与える影響は，その人がもともともっている攻撃的な特性の高さによって変化する可能性があります（この場合，もともとの攻撃的な特性が，暴力的なメディア接触が攻撃性に与える影響に調整効果をもつといいます）。攻撃性以外についても，視聴者のもともとのパーソナリティ状態であり変動しにくいパーソナリティ特性と，テレビ視聴行動，そしてそれによって変動しうるパーソナリティ変数との間に，こうした悪循環（図1-3）や調整効果（図1-4）のプロセスが生じる可能性は否定できません。今後さらに両者の関連について検討を重ね，ゆくゆくは，テレビ視聴が攻撃性や知的能力をはじめとするさまざ

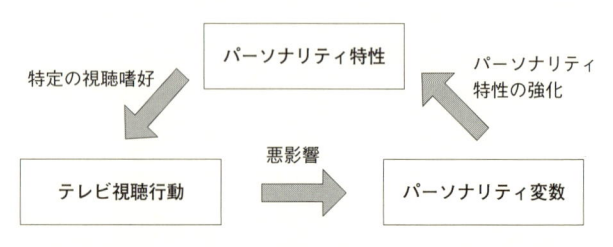

図1-3　パーソナリティ特性，テレビ視聴行動，パーソナリティ変数の悪循環プロセス

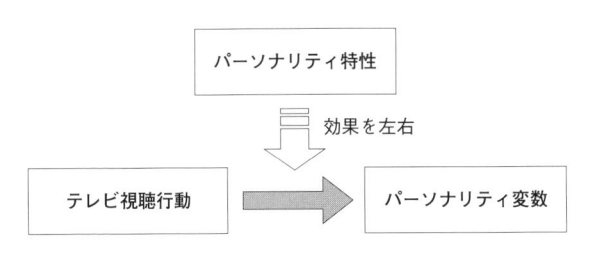

図1-4 パーソナリティ特性による調整効果

まなパーソナリティ変数に与える影響において，視聴者のパーソナリティ特性がどのような働きをするのか，という包括的なメカニズムを明らかにする必要があるでしょう。

6 おわりに

[1] テレビとパーソナリティをめぐる社会的動向と今後の展望

最後に，テレビとパーソナリティをめぐる近年の社会的動向を整理し，今後の展望についても触れたいと思います。

攻撃性の節で紹介したように，テレビ暴力が視聴者の攻撃性を高めるという悪影響が，科学的にもある程度確認されています。そうした状況を受けて，アメリカではレイティング制度（放送事業者に，自分の制作した番組を子どもに対する不適切性に応じて格付けし，その結果を公表することを課す制度）やVチップ制度（テレビの製作・販売業者に，不適切な番組を遮断できるVチップという機器をテレビの中にあらかじめ設置することを課す制度）が実施されており，日本でもこれらの制度を導入すべきかどうか議論が重ねられてきました（坂元・鈴木, 2007）。現在では，先述したとおり，放送制作側による暴力描写の自主規制が行われています。また学校現場では，テレビをはじめとするマス・メディアによる悪影響に対応するための1つの手段として，マス・メディアによるメッセージの意

図や背景を理解しながら批判的に読み解くメディア・リテラシーや，情報や情報手段を目的に応じて主体的に使いこなす能力である，**情報活用能力**を育成するための教育が行われています（坂元・鈴木, 2007）。いずれにせよ，テレビ等のマス・メディアとのよりよい付き合い方を考えることが，私たち視聴者にも求められるという状況は，今後も続きそうです。

さて，2004年に，テレビの悪影響論への社会的な関心を大いに高める出来事がありました。日本小児科医会と日本小児科学会が相次いで，「乳幼児期のテレビ視聴によってことばや社会性の発達が遅れる恐れがあるため，2歳以下の子どもにはテレビを見せないほうがよい」という趣旨の提言を発表したのです。こうしたテレビ悪影響論がはたして正しいか否かを科学的に検証するために，NHK放送文化研究所は2001年に「『子どもに良い放送』プロジェクト」を開始し，0歳児の研究対象者が12歳児になるまでの長期にわたって，テレビやテレビゲームなどの映像メディア使用が心理的発達に与える影響を追跡的に検討するという試みを行っています（NHK放送文化研究所, 2009）。このプロジェクトによって，乳幼児期におけるテレビ視聴のあり方に何らかの学術的見解が示されるとともに，テレビ視聴が多様なパーソナリティの発達に与える影響が，より長期的な視点から明らかにされることが期待されます。

[2] 本章のまとめ

本章では，テレビ視聴と視聴者のパーソナリティとの関連について，膨大な研究知見の中から，とくに研究が盛んに行われている分野を中心に紹介してきました。テレビ視聴が視聴者の知的能力，攻撃性，性役割観に与える影響は，すぐに発現するものではありません。たとえば，暴力的な番組を何回か見たからといって，視聴者のパーソナリティが急激に攻撃的になるということはなさそうです。

しかし，テレビは非常に多くの人が日常的に接触しており，社会的な影響力が大きいマスメディアです。そのため，それほど強力でないとしても，テレビ視聴が視聴者のパーソナリティに与える影響を軽視することもできません。

ただし繰り返すようですが，テレビ視聴がパーソナリティに与えるネガティブな影響は，視聴するコンテンツを選択する，視聴行動を工夫するなどの心がけによって，緩和することができたり，逆にポジティブな影響に変えることができると考えられます。大事なことは，テレビ視聴をやみくもに避けるのではなく，テレビ視聴がパーソナリティに与える影響に関する研究知見を踏まえたうえで，私たち視聴者がテレビを主体的に，積極的に利用することなのです。

引用文献

Aksoy, T., & Link, C. R.（2000）．A panel analysis of student mathematics achievement in the US in the 1990s: Does increasing the amount of time in learning activities affect math achievement? *Economics of Education Review*, **19**, 261-277.

Allport, G. W.（1937）．*Personality: A psychological interpretation*. New York: Holt and Company.

Anderson, D. R., Huston, A. C., Schmitt, K. L., Linebarger, D. L., & Wright, J. C.（2001）．Early childhood television viewing and adolescent behavior: The recontact study. *Monographs of the Society for Research in Child Development*, 66. Boston, MA: Blackwell.

Andison, F. S.（1977）．TV violence and viewer aggression: A cumulation of study results, 1956-1976. *Public Opinion Quarterly*, **41**, 314-331.

安藤寿康（2006）．知能の構造　二宮克美・子安増生（編）　キーワードコレクション・パーソナリティ心理学　新曜社　pp. 184-187.

青柳　肇（2006）．特性論　二宮克美・子安増生（編）　キーワードコレクション・パーソナリティ心理学　新曜社　pp. 74-77.

東　清和（1994）．ステレオタイプ　古畑和孝（編）　社会心理学小辞典　有斐閣　p.132.

Bandura, A.（1973）　*Aggression：A Social learning analysis*. Englewood Cliffs, NJ: Prentice-Hall.

Berkowitz, L. (1984). Some effects of thoughts on anti-and prosocial influences of media events: A cognitive neoassociation analysis. *Psychological Bulletin*, **95**, 410-427.

Bettencourt, B. A., Talley, A., Benjamin, A. J., & Valentine, J. (2006). Personality and aggressive behavior under provoking and neutral conditions: A meta-analytic review. *Psychological Bulletin*, **132**, 751-777.

Buerkel-Rothfuss, N. L., & Buerkel, R. A. (2001). Family mediation. In J. Bryant, & J. A. Bryant (Eds.), *Television and the American family* (2nd ed.). Mahwah, NJ: Lawrence Erlbaum Associates. pp. 355-376.

Cattell, R. B. (1950). *Personality*. New York: McGraw-Hill.

Christensen, P. N., & Wood, W. (2006). Effects of media violence on viewers' aggression in unconstrained social interaction. In R. W. Preiss, B. M. Gayie, N. Burrell, M. Allen, & J. Bryant, (Eds.), *Mass media effects research: Advances through meta-analysis*. Mahwah, NJ: Lawrence Erlbaum Associates. pp.145-168.

Costa, P. T. Jr., & McCrae, R. R. (1992). *The NEO PI-R professional manual*. Odessa, FL: Psychological Assessment Resources.

Davidson, E. S., Yasuna, A., & Tower, A. (1979). The effect of television cartoons on sex-role stereotyping in young girls. *Child Development*, **50**, 597-600.

Ennemoser, M., & Schneider, W. (2007). Relations of television viewing and reading: Findings from a 4-year longitudinal study. *Journal of Educational Psychology*, **99**, 349-368.

Finn, S. (1997). Origins of media exposure: Linking personality traits to TV, radio, print, and film use. *Communication Research*, **24**, 507-529.

Fisch, S. M. (2002). Vast wasteland or vast opportunity?: Effects of educational television on children's academic knowledge, skills, and attitudes. In J. Bryant, & D. Zillmann (Eds.), *Media effects: Advances in theory and research* (2nd ed.). Mahwah, NJ: Lawrence Erlbaum Associates. pp.397-426.

Gerbner, G., & Gross, L. (1976). Living with television: The violence profile. *Journal of Communication*, **26**, 173-200.

Gerbner, G., Gross, L., Morgan, M., Signorielli, N., & Shanahan, J. (2002). Growing up with with television: Cultivation process. In J. Bryant, & D. Zillmann (Eds.), *Media Effects: Advances in theory and research* (2nd ed.). Mahwah, NJ: Lawrence Erlbaum Associates. pp.43-67.

Hall, A. (2005). Audience personality and the selection of media and media genres. *Media Psychology*, **7**, 377-398.

Johnston, J., & Ettema, J. (1982). *Positive images: Breaking stereotypes with childlen's television*. Beverly Hills, CA: Sage.

Harrison, L. F., & Williams, T. M. (1986). TV and cognitive development. In T. M. Williams (Ed.), *The impact of TV: A natural experiment in three communities*. Orlando, FL: Academic Press. pp.87-142.

Hearold, S. (1986). A synthesis of 104 effects of television on social behavior. In G. Comstock (Ed.), *Public communication and behavior* (Vol. 1). New York: Academic Press. pp.65-133.

Herret-Skjellum, J., & Allen, M. (1995). Television programming and sex stereotyping: A meta-analysis. In B. R. Burleson (Ed.), *Communication Yearbook 19*. Thousand Oaks, CA: Sage. pp.157-185.

Huesmann, L. R., & Eron, L. D. (1986) The development of agression in American children as a consquence of television viewing. In Huesmann, L. R., & Eron, L. D. (Eds.), *Television and the aggressive child: A cross-national comparison*. Hillsdale, NJ: Lawrance Erlbaum Associates. pp. 45-80.

Huesmann, L. R., & Miller, L. S. (1994). Long-term effects of repeated exposure to media violence in childhood. In L. R. Huesmann (Ed.), *Aggressive behavior: Current perspectives*. New York: Plenum Press. pp.153-186.

Huesmann, L. R., Moise-Titus, J., Podolski, C-L., & Eron, L. D. (2003). Longitudinal relations between children's exposure to TV violence and their aggressive and violent behavior in young adulthood: 1977-1992. *Developmental Psychology*, **39**, 201-221.

岩男壽美子 (2000). テレビドラマのメッセージ ―社会心理学的分析― 勁草書房

Johnston, J., & Ettema, J. (1982). *Positive images : Breaking stereotypes with children's television*. Beverly Hills, CA: Sage.

Koolstra, C. M., van der Voort, T. H. A., & van der Kamp, L. J. Th. (1997). Television's impact on children's reading comprehension and decoding skills: A 3-year panel study. *Reading Research Quarterly*, **32**, 128-152.

Krahé, B. (2001). *The social psychology of aggression*. East Susser, UK: Psychology Press.（クラーエ，B. 秦 一士・湯川進太郎（訳）(2004). 攻撃の心理学 北大路書房）

Krcmar, M., & Kean, L. G. (2005). Uses and gratifications of media violence: Personality correlates of viewing and liking violent genres. *Media Psychology*, **7**, 399-420.

浜田敬子・外山直樹 (2002). TVが子供の脳を殺す AERA, **763**, 8-11.

子安増生 (2006). 知能の障害 二宮克美・子安増生 (編) キーワードコレクション・パーソナリティ心理学 新曜社 pp.208-211.

Linebarger, D. L., Kosanic, A. Z., Greenwood, C. R., & Doku, N. S. (2004). Effects of viewing the television program "Between the Lions" on the emergent literacy skills of young children. *Journal of Educational Research*, **96**, 297-308.

Mares, M-L., & Woodard, E. (2005). Positive effects of television on children's social interactions: A meta-analysis. *Media Psychology*, **7**, 301-322.

増田智子・吉藤昌代・諸藤絵美・関根智江 (2008). テレビ・ラジオ視聴の現況 —平成20年6月全国個人視聴率調査から— 放送研究と調査, **688**, 30-41.

Mcilwraith, R. D. (1998). "I'm addicted to television": The personality, imagination, and TV watching patterns of self-identified TV addicts. *Journal of Broadcasting & Electronic Media*, **42**, 371-386.

Morgan, M. (1982). Television and adolescents'sex role stereotypes: A longitudinal study. *Journal of Personality and Social Psychology*, **43**, 947-955.

Morgan, M., & Rothschild, N. (1983). Impact of new television technology cable TV, peers and sex-role cultivation in the electronic environment. *Youth & Society*, **15**, 33-50.

Morgan, M. (1987). Television, sex-role attitudes, and sex-role behavior. *Journal of Early Adolescence*, **7**, 269-282.

諸藤絵美 (2008). 幼児はテレビをどう見ているか —平成20年6月「幼児視聴率調査」から— 放送研究と調査, **689**, 56-65.

村田光二 (1987). 子どもの社会認識とテレビ 無藤 隆 (編) テレビと子どもの発達 東京大学出版会 pp.67-84.

Nabi, R. L., & Riddle, K. (2008). Personality traits, television viewing, and the cultivation effect. *Journal of Broadcasting & Electronic Media*, **52**, 327-348.

内閣府政策統括官 (2007). 第5回情報化社会と青少年に関する意識調査報告書. <http://www8.cao.go.jp/youth/kenkyu/jouhou5/index.html> (2008年12月24日)

内藤まゆみ・高比良美詠子 (2008). 第7章 テレビとテレビゲーム 日本児童研究所(編) 児童心理学の進歩 2008年版 金子書房 pp.167-191.

NHK放送文化研究所 (2009).「子どもに良い放送」プロジェクト＜http://www.nhk.or.jp/bunken/research/bangumi/kodomo/list_kodomo1.html＞(2009年6月26日)

二宮克美 (2006). パーソナリティとキャラクター 二宮克美・子安増生(編) キーワードコレクション・パーソナリティ心理学 新曜社 pp.2-5.

O'Connor, M. C., & Paunonen, S. V. (2007). Big Five personality predictors of post-secondary academic performance. *Personality and Individual Differences*, **43**, 971-990.

岡田尊司 (2005). 脳内汚染 文藝春秋.

近江 玲・坂元 章 (2008). 番組ジャンル別のテレビ視聴量とパーソナリティの知的側面との相関関係 ―メタ分析による統合― パーソナリティ研究, **16**, 426-434.

Oppliger, P. A. (2006). Effects of gender stereotyping on socialization. In R. W. Preiss, B. M. Gayle, N. Burrell, M. Allen, & J. Bryant, (Eds.), *Mass media effects research: Advances through meta-analysis*. Mahwah, NJ: Lawrence Erlbaum Associates. pp.199-214.

Paik, H., & Comstock, G. (1994). The effects of television violence on antisocial behavior: A meta-analysis. *Communication Research*, **21**, 516-546.

Persegani, C., Russo, P., Carucci, C., Nicolini, M., Papeschi, L. L., & Trimarchi, M. (2002). Television viewing and personality structure in children. *Personality and Individual Differences*, **32**, 977-990.

Pervin, L. A., Cervone, D., & John, O. P. (2005). *Personality: Theory and research*. 9th ed. New York: John Wiley & Sons.

Pingree, S. (1978). The effects of nonsexist television commercials and perceptions of reality on children's attitudes about women. *Psychology of Women Quarterly*, **2**, 262-277.

Razel, M. (2001). The complex model of Television viewing and educational achievement. *The Journal of Educational Research*, **94**, 371-379.

Ritchie, D., Price, V., & Roberts, D. F. (1987). Television, reading, and reading achievement: A reappraisal. *Communication Research*, **14**, 292-315.

相良順子 (2003). テレビとジェンダー　坂元　章 (編)　メディアと人間の発達―テレビ，テレビゲーム，インターネット，そしてロボットの心理的影響―　学文社　pp. 38-74.

坂元　章 (2004). さまざまな実験法―現実の制約のなかで―　高野陽太郎・岡　隆 (編)　心理学研究法―心を見つめる科学のまなざし―　有斐閣アルマ　pp. 120-146.

坂元　章 (2005)　テレビ番組の暴力描写に対する評価システムの構築―内容分析と縦断的調査に基づいて―　日本学術振興会科学研究費補助金 (基盤研究 (A) (2)) 平成15・16年度研究成果中間報告書

坂元　章 (2007). テレビ番組の暴力描写に対する評価システムの構築―内容分析と縦断的調査に基づいて―　日本学術振興会科学研究費補助金 (基盤研究 (A) (2)) 平成15年度～平成18年度研究成果報告書

坂元　章・鈴木佳苗 (2007). メディア・リテラシー―新たなコミュニケーション能力の創成―　内田伸子・坂元　章 (編)　リスク社会を生き抜くコミュニケーション力 (お茶の水女子大学21世紀COEプログラム　誕生から死までの人間発達科学　第2巻)　pp.111-132.

坂元　桂・高比良美詠子・坂元　章・馬場英顯・櫻谷昭夫・大串一彦・原　勤・坂元　昂 (1998). マスメディア接触が子供の認知発達に及ぼす影響　日本教育工学雑誌, **22** (Suppl.), 69-72.

佐々木輝美・堀内由樹子 (2007). 暴力　坂元　章 (研究代表者)　メディアが青少年に及ぼす影響に関する研究の動向―文献調査―　平成18年度文部科学省委託「青少年を取り巻く有害環境対策の推進」調査研究事業報告書 pp. 103-117.

Shim, J. W., & Paul, B. (2007). Effects of personality types on the use of television genre. *Journal of Broadcasting & Electronic Media*, **51**, 287-304.

週刊文春編集部 (2005).　テレビなんかいらない!「一日一時間限定」で子供の学力を伸ばす　週刊文春, **2318**, 52-54.

Signorielli, N. (1989). Television and conceptions about sex roles: Mainteining conventionality and the status quo. *Sex Roles*, **21**, 341-360.

Signorielli, N., & Bacue, A. (1999). Recognition and respect: A content analysis of prime-time television characters across three decades. *Sex Roles*, **40**, 524-544.

Smith, S. L., Wilson, B. J., Kunkel, D., Linz, D., Potter, J., Colvin, C. M., & Donnerstein, E. (1998). Violence in television programming overall: University of California, Santa Barbara study. In M. Seawall, (Ed.), *National television violence study, Vol. 3*. Thousand Oaks, CA: Sage.

pp. 5-220.

杉浦義典・丹野義彦 (2008). パーソナリティと臨床の心理学 ―次元モデルによる統合― 培風館

瀧本孝雄 (2003). 性格の特性論 詫摩武俊・瀧本孝雄・鈴木乙史・松井豊 (共著) 性格心理学への招待・改訂版 サイエンス社 pp.64-79.

Weaver, J. B. (1991). Exploring the links between personality and media preferences. *Personality and Individual Differences*, **12**, 1293-1299.

Williams, P. A., Haertel, E. H., Haertel, G. D., & Walberg, H. J. (1982).The impact of leisure-time TV on school learning: A research synthesis. *American Educational Research Journal*, **19**, 19-50.

Wright, J. C., Huston, A. C., Murphy, K. C., St. Peters, M., Piñon, M., Scantlin, R., & Kotler, J. (2001). The relations of early television viewing to school readiness and vocabulary of children from low-income families: The Early Window project. *Child Development*, **72**, 1347-1366.

湯川進太郎 (2003). テレビと暴力 坂元 章 (編) メディアと人間の発達 ―テレビ, テレビゲーム, インターネット, そしてロボットの心理的影響― 学文社 pp. 41-57.

Zuckerman, D. M., Singer, D. G., & Singer, J. L. (1980). Television viewing, children's reading, and related classroom behavior. *Journal of Communication*, **30** (1), 166-174.

第2章 テレビゲームとパーソナリティ

渋谷明子

1 「ゲーム族」の性格？

　テレビで放映された街頭インタビューで20代の男性が,「僕たちゲーム世代は, コミュニケーションが苦手」と答えている様子を見たことがあります。これまで大人の側から,「最近の若者は, ゲームばかりやっているから, コミュニケーションが苦手な人が多いのではないか」と推定的な話として聞くことはありましたが, いつの間にか, 若者自身が自分たちの世代の特徴として語るようになったのかと驚きました。そもそもテレビゲームの利用時間とコミュニケーション能力との関連性を分析した研究は日本だけでなく, 世界的にもほとんどありません。それにもかかわらず, 推定的な話を何度も繰り返し耳にするなかで, あたかも「真実」であるかのように語られていくようです。

　また, ゲームが好きな人=「オタク」というイメージを抱く方もいらっしゃるかもしれません。「オタク」の元祖をひも解くと, テレビゲームが誕生するよりも古く, 『宇宙戦艦ヤマト』『機動戦士ガンダム』などのアニメファンを指しますが, 一般には範囲は広く, コミック, アニメ, ゲーム, パソコン, SF, 特撮, フィギュアなどのサブカルチャーに耽溺する人々が,「オタク」と呼ばれています (東, 2001)。そして, 宮崎勤による連続幼女誘拐殺人事件後が起こった後で, オタクは,「人間本来のコミュニケーションが苦手で, 自分の

世界に閉じこもりやすい人々」との見方が生まれました(東, 2001)。冒頭で紹介した「ゲーム世代はコミュニケーションが苦手」という言説も,このオタクのイメージと重なる部分があります。最近では,オタクも日本文化の担い手,自分の興味に邁進して極める努力家など,市民権を確立してきましたが(岡田, 2008),ゲームオタクに対する視線はそれほど温かいものではありません。

たとえば,『今どき中学生白書』のなかでは,ゲームが好きな中学生を「ゲーム族」と呼び,その特徴があげられていました。著者の魚住(2006)によると,ゲーム族には「偏食が多い,落ち着きがなく,注意散漫,完璧主義,傷つけられると仕返ししたくなる,小動物虐待,他者の痛みに無頓着,想像力・柔軟性に乏しい,無気力・無関心・投げやり,ネガティブな人生観,人付き合いは苦手,TPOがわからない,注目を浴びるのはイヤ」などの特徴があるようです。そして,実にたくさんのネガティブなパーソナリティがテレビゲームというメディアと深く結びついているかのようです。

『今どき中学生白書』は,中学生と日常的に接している魚住ならではの洞察がみられ,メディアへの依存状態にならずに,メディアとうまく付き合っていくうえで考えさせられる本です。ただし,この本で示唆された特徴すべてを「テレビゲームで遊ぶ中学生のパーソナリティ」として,鵜呑みするべきではないでしょう。本のなかでは,1日に3時間,4時間以上テレビゲームで遊ぶ中学生はごく少数なようなので,かなり極端な中学生について報告していると思われます。

第2章では,まずテレビゲームというメディアの歴史と発達,現代におけるテレビゲームと子どもたちとの関係を振り返ったうえで,テレビゲームが好きな人たちのパーソナリティの特徴,そして,パーソナリティの形成期にあたる子ども時代や思春期の青少年にテレビゲームがどのような影響を及ぼしやすいのかを,調査や実験など

で，裏づけされたものを中心に振り返ってみたいと思います。

なお，パーソナリティは，「個人の比較的安定して持続的な思考，感情，行動などの個人のパターン」(Huffman et al., 1997)，「広い意味での行動（具体的な振る舞い，言語表出，思考活動，認知や判断，感情表出，嫌悪判断など）に時間的・空間的一貫性を与えているもの」などのように定義されています（神村，1999）。したがって，パーソナリティは時間の経過，場面や状況が異なっても変化しにくい特徴であるかどうかが重要ですが，テレビゲームの研究では，時間的経過を追った縦断的研究は少ないことから，時間的一貫性については十分に検証されているとはいえません。また，空間的一貫性という点でも，学校，家庭，友達関係など，さまざまな場面や状況での一貫性が十分に検証されているといえません。このような限界はありますが，テレビゲームとの関わり方を考えるうえで，現時点で予想できるパーソナリティの特徴について，整理していきたいと思います。

2 テレビゲームの歴史と発達

家庭におけるテレビゲームの時代は，1983年に家庭用ゲーム機である『ファミリーコンピューター』（通称ファミコン）が任天堂より発売されてから始まりました。それまでは，コンピュータ・ゲームといえば，ゲームセンターや喫茶店と「家庭外」で遊ぶもので，プレイするたびにお金がかかるものでしたが，ゲームソフトを買えば無制限に遊べるようになり，問題の質が，「お金がかかる」という金銭的問題から，「ついゲームで遊びすぎてしまう」という時間的問題へとシフトしていきます。

当初は8ビットで，平面的で単純だった画像が，コンピュータ技術の著しい発展とともに，16，32，64ビットと増大し，映像の表現

力，リアリティーが増していくことになります。現在では，コンピュータ・グラフィックスの発達により，顔の表情も豊かな立体的なキャラクターも作ることができますし，また，人間のモデルの動きをコンピュータで解析することにより，より自然な動作を再現することも可能になっています。

テレビ受像機に接続されるゲーム以外にも，『ゲームボーイ』『Nintendo DS』（任天堂）などに代表されるような携帯型ゲーム機も発売されてきました。そして現在では，通信機能も拡充され，携帯型ゲーム機を含むすべての家庭用ゲーム機で，インターネットを経由してゲームで遊ぶことも可能となってきています。

図2-1に日本におけるメディア・コンテンツの輸出と輸入の割合を示しましたが（総務省，2006），コンテンツの種別ごとの貿易収支をみると，テレビゲームソフトの輸出のみが輸入の7倍と大きく上回っており，その割合は他のメディア・コンテンツ産業と比較できないほど大きいことがわかるかと思います。

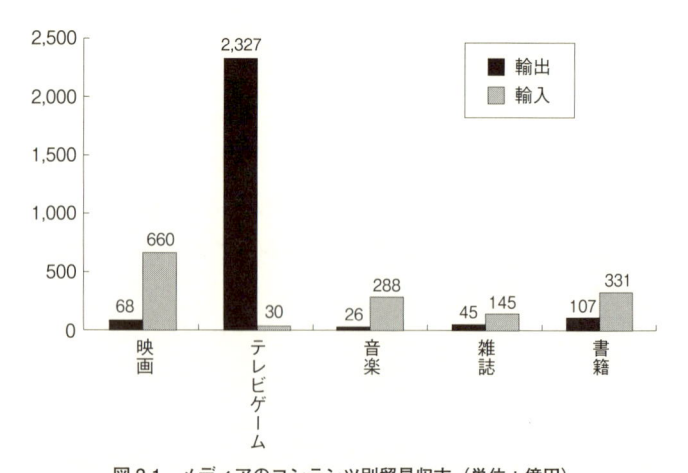

図 2-1 メディアのコンテンツ別貿易収支（単位：億円）
（総務省編（2006）『平成18年版　情報通信白書—ユビキタス・エコノミー—』（p.69）より引用）

そして 2006 年 11，12 月には，当時「次世代」と呼ばれたテレビゲーム機が発売されました。ソニー・コンピュータエンターテインメントの『プレイステーション 3（PS3）』は CELL という半導体を用い，さらに高い解像度での映像表現が可能となりました。マイクロソフトの『Xbox360』とともに，ゲームの映像はますますリアルさを増していくことでしょう。また，任天堂の『Wii』では，テレビゲームのコントローラーがテレビのリモコンを小さくしたような形になり，そのようなテレビリモコン型のコントローラーを，テニスラケットや野球のバットを動かすようにして操作できます。ゲーム上の行動のシミュレーションの程度がより現実に近づいていったことから，テレビゲームの楽しみ方も大きく変わってきました。さらに最近では，3D 映像の奥行きが広がりつつあります。

3　テレビゲームで遊ぶ理由と動機

　テレビゲームは，その誕生とともに，子どもたちや青少年の心を魅了し，夢中にさせてきました。そして，小学生の夕食前の遊びとして，1987 年にはテレビゲームは 25% にすぎませんでしたが，1997 年には 50％となりました（白石，1998）。また，平日 2 時間以上，家庭のテレビゲームで遊ぶ小・中学生が 26％もいたとの報告もあります（総務庁青少年対策本部，1999）。さらに，小学生の好きな遊びでは，テレビゲームが 1 位であり（郵政省放送行政局，2000），現代の子どもたちにとっては，テレビゲームで遊ぶことは決して特別なことではなく，日常生活に溶け込んだメディアとなってきたといえます。

　子どもたちは，テレビゲームになぜ夢中になるのでしょうか。フランスの社会学者であるカイヨワ（Caillois, 1967）が遊びの本質についての指摘が，テレビゲーム研究者によって，しばしば引用され

ています。たとえば、桝山（2001）は、カイヨワの遊びの4つの分類である、**競争（アゴン），偶然（アレア），模倣（ミミクリ），眩暈（イリンクス）**をあげています。つまり，テレビゲームで遊ぶことによって，他の子どもたちと対戦したり，競争（アゴン）したりすることができ，対戦成績などは，技術だけでなく，偶然性（アレア）に左右される場合もあります。そして，「もう一度チャレンジしよう」と動機づけられます。また，ロールプレイイングゲームなどのように長編物語の主人公になり（模倣，ミミクリ），冒険を進めることもできる一方で，ジェットコースターのようなスリルを味わえるスピード感のあるテレビゲームも存在します（眩暈，イリンクス）。したがって，子どもたちがテレビゲームに夢中になるのは，むしろ当然といえるでしょう。

さらに桝山（2001）は，「遊びは単に個人的な娯楽ではない」とのカイヨワの主張を重視し，テレビゲーム遊びの本質についても，一見すると子どもが一人で部屋にこもり，テレビゲームで何時間も遊んでいるようにみえますが，子どもたちはゲームに関する話題で友達とのコミュニケーションを図っていると指摘しています。「友達とテレビゲームで遊ぶ」という点では，小学生男子の間ではそのニーズが最も高くなっており（CESA, 2001），テレビゲームが小学生の子どもたちにとって，重要なコミュニケーション・ツールとなっているといえます。最近では，携帯ゲームの通信機能も充実し，ゲームで対戦するだけでなく，協力しながら遊ぶ機会も増えてきました。

また，テレビゲームに関する利用と満足研究では，ゲームで遊ぶ動機として，**競争性**（最も速くうまくゲームを進めることは自分にとって大事など），**チャレンジ**（次のレベルに進めるのはうれしいなど），**空想性**（実際にはできないことがゲーム上でできるなど），**興奮**（アドレナリンレベルを上げるからなど），**社会的交流**（友達と一緒に遊ぶためなど），**逃避**（他にしなければならないことの代わりに

遊ぶなど）などがあがっています（Lucas & Sherry, 2004）。米国では，男子大学生がゲームで遊ぶ動機としては，チャレンジ，社会的交流，興奮などが上位にあがりましたが，女子大学生では，チャレンジ，興奮度，空想性などが上位にきています。小学生だけでなく，男子大学生の間でも，ゲームが社会的交流の場となっていることが読み取れます。

なお，テレビゲームで遊ぶ動機を年齢別に検討した米国の研究では，空想性，**現実性**（ゲーム上のキャラクターは本当の人間のようだからゲームで遊ぶなど），**自己**（強くなれるからゲームで遊ぶなど）は小学5年生で最も高く，競争性，逃避は高校2年生で最も高く，チャレンジ，社会的交流は大学生で最も高いなどの違いがみられ，テレビゲームで遊ぶ動機や理由も発達段階によって異なっているようです（Greenberg et al., 2010）。

日本でも動機に関する研究は行われており，高山（2000）が小学校高学年を対象に行った分析では，**挑戦**（難しい場面をうまく乗りこえられたらうれしいからなど），**コントロール**（自分で自由に動かすことができるからなど），**空想**（いろいろな敵にあうことができるから），**暇つぶし**（雨の日，外で遊べない時にできるからなど），**逃避**（さびしいときでも，ゲームをやると気がまぎれるからなど），**好奇心**（音や音楽が面白いからなど）という5つの因子がテレビゲームで遊ぶ動機として分類されていました。そのなかで，ゲームの利用頻度が多く，ゲームを重要だと位置づける因子と結びついていたのは，空想，暇つぶし，好奇心などの因子でした。高山はさらに動機因子により子どもたちを分類しており，なかでも利用頻度が最も高かった「熱中タイプ」は，挑戦，空想，好奇心などの因子が高く，逃避が低い傾向がみられており，ゲームに夢中になるタイプの動機としてとくに重要な因子であるようです。

4 テレビゲームに夢中になりやすいパーソナリティ

　まず，テレビゲームに夢中になりやすい人は，女性よりも男性に多い傾向が，どの年齢層でもみられ，ほとんどの調査で男女差がみられます。この理由として，ゲームソフトのなかで，アクション，闘い，スポーツなどの要素を含むものが多く，男性向けに作られてきたからだという説明と，空間認識能力，アクションなどで，男性のほうが優れているから，男性のほうがゲームが得意で，夢中になりやすいからだという説明があります。どちらが正しいかはわかりませんが，空間認識能力などが，テレビゲームを用いたトレーニングで向上し，男女差が小さくなったことを示す報告もあるので（Feng et al., 2007），多様なゲームソフトが開発されれば今日のような男女差がみられなくなる可能性もあるでしょう。

　また，テレビゲームに夢中になる程度は，年齢によっても大きく異なります。幼児では，3歳，4歳，5歳と年齢が上がるほど，テレビゲームへの接触時間が長くなり，兄弟や姉妹がいる場合や，保育園児よりも幼稚園児で，ゲームへの接触時間が長い傾向がみられています（栗谷・吉田, 2008）。そして，幼児よりも小学生のほうが接触時間が長くなり（CESA, 2001），小学生では，低学年より高学年で，接触時間が長い傾向がみられています（CESA, 2001 & 2004）。小学生と中学生の間では，接触時間に大きな差はみられていませんが，高校生になると，中学生よりも短くなるようです（坂元ほか, 2002）。また，中学生や高校生などでは，大学生や大人のユーザーと比べ，オンラインゲーム（インターネットなどの通信インフラをとおして，パソコンや家庭用テレビゲーム機などで複数のプレイヤーが同時にプレイするゲーム）に依存的になりやすいことを示す調査もあります（平井・葛西, 2006）。

　それでは，テレビゲームに夢中になる人のパーソナリティとは，

どのようなものがあるのでしょうか。これまで，テレビゲームとの関係で，研究が行われてきたパーソナリティとしては，攻撃性，共感性，自尊心，神経症，タイプA行動パターンなどがあり，その他にも学業成績についても，比較されてきました。

まず，最も研究数が多いのが，攻撃性との関係ですが，攻撃性，共感性については，テレビゲームの接触時間との関係よりも，暴力シーンのあるテレビゲームへの接触の影響を中心に，近年では研究が行われており，この点については後述します。

パーソナリティ研究として，比較的多く報告されているのが，**自尊心，自己効力感**など，自己概念に関する研究です。コルウェルらが中高校生を対象に行ったイギリスの調査では，テレビゲーム接触時間と自尊心との間に関連性はみられなかったものの，**友達因子**（友達よりもゲームで遊ぶことが好きなど），**仲間因子**（ゲームを仲間のように思うなど），**孤独／逃避因子**（一人でいられるから遊ぶなど）の得点が高い場合に自尊心が低い傾向が，女子生徒ではみられています（Colwell et al., 1995）。また，ファンクらが中学生を対象に行った調査でも，女子生徒でのみ，テレビゲーム接触時間が長いと自尊心が低い傾向がみられています（Funk & Buchman, 1996）。その理由として，戦いなどが多いテレビゲームで遊ぶことは女子の遊びとして社会的にあまり受容されていないため自尊心が低い，勉強時間などが短くなり学業成績が下がったため自尊心が低いなどの理由が指摘されています。ただし，高校生，大学生を対象とした米国の調査では，自尊心との関連性がみられなかった報告もあります（Barnett et al., 1997）。

日本で小中学生を対象に行われた調査でも，テレビゲームの1週間の接触時間が長いほど，自己効力感が低く，とくに忍耐力に欠ける傾向が男女ともにみられています（新田・城, 2002）。欧米で行われた研究と比べると，女子だけでなく，男子でも自己効力感が低い

傾向がみられた点で注目すべきかもしれません。そして，新田らは，遊びは社会的ルール，自分の役割や責任などを学ぶうえで重要な役割を果たすが，テレビゲームから得られる体験は画面上の非現実的なものなので，一緒に遊ぶ友達の間にあるルールはゲームをする順番ぐらいだろうとし，自分自身の本当の力を知ることも向上させることも難しく，他者との関係において自分の役割や責任を学ぶ機会が少ないのではないかと推察しています。最近では，無線通信のあるゲームも増え，複数の友達と協力して遊ぶことも可能になり，このような懸念は少ないかもしれませんが，テレビゲームと一人向かい合って遊んでいるばかりだと，他の遊びで形成されるような自己効力感が十分に育たない可能性を示唆しています。ただし，自己効力感や自尊心に関してはパネル調査は報告されておらず，テレビゲームの影響である可能性と，自己効力感が低く，内向的な小中学生がテレビゲームを好んで遊んでいた可能性もあります。そして，内向的な高校生や大学生のほうが，友達よりゲームを好み，日常的関心からの逃避や空想化を好む傾向があることを示す調査もあります（Barnett et al., 1997）。

また，一人でゲームで遊ぶ内向的なゲーム少年とのイメージがあるからか，神経症的傾向について比較した研究もありますが，ゲーム接触時間と神経症的な傾向との間には，関連性がみられておりません（岩重ほか, 1999）。

その他に，テレビゲームに夢中になりやすい性格として，タイプA性格傾向またはタイプA行動パターンに関する研究があります。**タイプA性格傾向**とは，競争的，野心的，精力的で，時間的切迫感を抱くなどの特徴がみられます（野村, 1999 など）。そして，オンラインゲームに没頭し，依存傾向が高かった人に，タイプA性格傾向（攻撃性，熱中性，時間切迫）が強くみられたことを指摘する研究もあります（平井・葛西, 2006）。高山（2000）がゲームで遊ぶ動機の

分類として示した「熱中タイプ」と，このタイプA性格傾向との特徴とを比較すると，似かよった要素が含まれており，ゲームに夢中になりやすいタイプのパーソナリティのひとつなのかもしれません。

さらに，タイプA性格傾向の得点が高い大学生は，低い大学生に比べ，ゲームに集中し，集中力が途切れにくく，しかも，ゲーム後の安静時に心拍数が落ち着きやすかったことを示す実験も報告されています（遠藤ほか, 2000）。そして遠藤らは，ゲームの効用として，「ゲームという意図的な緊張状態を作り，その後に，リラックスした状態を経験することで，ストレスが多少なりとも解消されるという効用もあるのはないだろうか」(p.11) と述べています。タイプA傾向と呼ばれるようなパーソナリティの人たちが，ゲームに夢中になりやすい理由のひとつを示していると思われます。

ゲームに集中し，リラックスした状態を経験し，ストレスを解消するというプロセスは，ゲームが好きな人たちからよく耳にする言葉であるだけに，とても重要な点であるといえるでしょう（Kutner & Olson, 2008）。そして，遠藤らが指摘したストレス解消法は，ケステンバウムらの研究で，テレビゲームで長時間遊ぶ群は，短時間遊ぶ群に比べ，傷ついたときや感情が高まったときゲームをしたくなり，ゲーム後よりリラックスするというカタルシス効果を示唆した調査とも一致します（Kestenbaum & Weinstein, 1985）。

このように，テレビゲームユーザーのパーソナリティの特徴をみてきましたが，このような特徴が今後も継続してみられるかどうかはわかりません。たとえば，ゲームユーザーというと，これまでは子どもと若い男性が中心であり，そのような年齢層に好まれるゲームばかり作られる傾向がありました。しかし最近では，『Nintendo DS』などの携帯ゲームを中心に知的ゲーム，育成ゲームなどが流行し，若い女性や大人の男性が電車の中などで携帯ゲームで遊んでいる姿もよく目にします。また，ゲーム世代が子どもを育てる世代に

なってきたことにより，父親，母親が子どもとゲームで遊ぶ割合も増えてきたようです。さらに，『Wii』の登場で，ゲーム操作が体感型になってきたことにより，孫と一緒にゲームで遊んでいるという祖父母世代の話もよく耳にします。したがって，テレビやインターネットのように，ゲームが好きな人の年代，性別が多様になってきているため，ゲームが好きな人のパーソナリティの特徴を限定的に示すことは次第に難しくなっていくと思われます。

5 テレビゲームと社会性

これまで日本では，ゲーム脳，ゲーム中毒などの形で，テレビゲームというメディアそのものが，そのコンテンツにかかわらず，子どもに悪影響を及ぼすと懸念する傾向が強かったように思われます。欧米でも，テレビゲームが家庭に入ってきた1980年代には，そのような議論が一部でみられました。その代表的な議論のひとつが，セルノウ（Selnow, 1984）の**電子的友達仮説**（electronic friend hypothesis）です。ゲームセンターにより頻繁に通う青少年に，「友達と遊ぶよりもゲームセンターで遊びたい」などのニーズが高い傾向がみられており，テレビゲームと「電子的友達」になることにより，社会的に不適応に陥ってしまうのではないかと懸念する仮説です。

この電子的友達仮説について，いくつかの調査が行われています。たとえば，1980年代にアメリカで行われた調査では，家庭でテレビゲームで遊ぶことも，ゲームセンターで遊ぶことも，社会性の高さとの間に関連性はみられていません（Lin & Lepper, 1987）。むしろ高校生の場合は，テレビゲームでよく遊ぶほど，外向性が高い傾向があり，テレビゲームという遊びが「社会的活動」であるといえます（McClure & Mears, 1986）。また，イギリスでは，テレビゲーム接触時間が長い男子のほうが，「友達と遊ぶよりもテレビゲームで

遊びたい」と思う傾向があったものの，同時に，学校外で友達と多く遊ぶ傾向もみられています（Colwell et al., 1995）。さらに，同じくコルウェルらが，イギリスで実施した調査では，テレビゲーム接触時間が長いと，友達の数が少ない傾向がありますが（Colwell & Payne, 2000），日本の調査では，テレビゲームで遊んだ時間と友達の数との関連性はみられていません（Colwell & Kato, 2003）。そして，その調査では，日本の中学生は，友達の数をイギリスの中学生よりも多く報告する傾向があります（Colwell & Kato, 2005）。したがって，テレビゲームの遊び方も，世界で全く同じという訳ではなく，日本では友達や兄弟とテレビゲームで遊ぶ傾向が強い可能性もあります。

日本で行われた他の研究でも，社会性，引きこもり的傾向に関しては，テレビゲーム接触の影響という因果の方向はみられず，むしろ社会性が低い青少年がテレビゲームに接触する傾向があるという逆の因果の方向がパネル研究によって示唆されています（Sakamoto, 1994）。しかも，テレビゲームで遊ぶことによって，対人関係における恐れや緊張感（シャイネス）が改善されたという中学生のパネル調査の報告もあります（井堀ほか, 2002）。高校生の間では，テレビゲームがコミュニケーション・ツールとして機能し，共感性を高めたり，社会的不安を軽減したりするポジティブな影響がみられている点に注目すべきでしょう（木村, 2003；木村ほか, 2000）。

このように，テレビゲームで遊ぶことで社会的不適応が生じるという仮説は日本ではあまり支持されていないのですが，現実には，依然として根強いものがあるようです。その理由を深く考えていく必要があるように思います。たとえば，岡田（2005）は，「三十歳になっても，まだゲームがやめられず，社会に背を向けて暮らしている若者たち。何か口出ししようものなら，罵詈雑言だけでなく，暴

力までふるうわが子に，どうしてこんなふうになってしまったのか，悲嘆にくれた親御さんたち。そうした光景を私はいくつもまのあたりにしてきた」(pp. 308-309) と述べ，麻薬のような中毒性のあるテレビゲームやインターネット（とくに両方の要素が含まれたオンラインゲーム）に，社会的引きこもりの原因を帰属しています。岡田がこのように述べる背景には現代社会では無視できない現実があるように思います。

6　テレビゲームへの依存

　テレビゲームで遊ぶ人たちのなかで，ごく少数ではありますが，岡田が指摘したような状況に陥っている人がいることは確かです。このようなテレビゲームへの依存について，近年，研究が活発に行われる傾向にあり，研究によって，ゲーム中毒 (game addiction)，病的なゲーム使用 (pathological video game use)，ゲーム依存 (game dependency) などの異なる呼び名があります。ギャンブル依存度尺度やインターネット依存尺度などをもとに，ゲーム依存を測る指標が作られています。

　ゲームのように比較的広範に普及したメディアに"中毒"という言葉を用いることに対しては，ゲームというメディアを麻薬，覚せい剤，アルコール，ギャンブルなどと同列に扱うような印象を与えます。そして，ゲームへの関わり方が問題なのではなく，ゲームそのものが有害なのだという誤解を与えやすいため，批判が起こっており，アメリカ精神科医学会などの正式な診断名としては採用されていません。また，麻薬，アルコールなど，依存が生じることが社会的に認められている薬物の場合も，「麻薬中毒患者」「アルコール中毒者」と呼ぶことにより，社会的な偏見を助長しやすいことから，"中毒"という言葉を用いない傾向にあるようです。したがって，ゲ

ームについては、ゲーム依存という言葉のほうが、より適切だと考えます。

ただし、研究論文では、ゲームに関連した問題性を強調し、社会的インパクトを与えたいという意図からか、"ゲーム中毒"という言葉が比較的多くの研究で用いられる傾向にあり、「過度で強迫的なコンピュータゲームやテレビゲームの利用により、社会的・感情的な問題が生じているが、コントロールできない状態」と定義されています（Lemmens et al., 2009）。そして、レメンズらが作成したゲーム中毒尺度は、顕出性、耐性、気分調整など、表2-1に示すような7つの領域で、各7問ずつ合計21問から成り立っています（表2-1は7問の短縮版）。オランダで行われた調査では、この尺度の得点が高い人は、ゲーム接触時間が長いだけではなく、孤独感を強く抱き、生活満足度が低く、社会性が低く、攻撃性が高い傾向がみられています。その調査では、短縮版の7問中4問以上で、4～5点

表2-1　ゲーム依存度を測定する尺度（短縮版）の一例

Q1：1日中ゲームで遊ぶことを考えていましたか（顕出性：salience）
Q2：ゲームで遊ぶ時間が増えてきましたか（耐性：tolerance）
Q3：日常的生活のことを忘れるために、ゲームで遊びましたか（気分調整：mood modification）
Q4：家族や友人が、あなたのゲーム利用を減らそうとして、失敗したことはありますか（再発：relapse）
Q5：ゲームで遊ぶことができないとき、嫌な気分になりましたか（離脱症状：withdrawal）
Q6：ゲームで遊ぶ時間をめぐって、家族や友人と争いましたか（葛藤：conflict）
Q7：ゲームで遊ぶために、ほかの重要な活動（学校、仕事、スポーツなど）をやらなかったことがありますか（問題：problems）

Lemmens et al. (2009) より引用。レメンズらの調査では、まったくない（1点）、めったにない（2点）、時々ある（3点）、よくある（4点）、とてもよくある（5点）とし、4問以上で、4～5点だった場合は、ゲーム依存の可能性があると指摘しています（オランダで行われた調査では、対象者の約1-3%が該当しました）。

(よくある，とてもよくあるに該当）だった人は全体の 1 ～ 3% 程度だったことから，該当者はゲームユーザーのごく一部といえるでしょう。他の研究でも，ゲーム依存だと思われる人は 10% 程度だと考えられています（Gentile, 2009）。

そもそもゲーム依存が，将来，精神科における正式な診断基準として認められるのかどうかはわかりませんが，原因が何であれ，ゲームをめぐって社会的不適応に陥っている人がいるのでしたら，効果的な対応策を考えるうえで，このような尺度は役に立つと思われます。近年，ゲーム依存の研究者によって指摘されているのは，ゲーム接触時間の長さのみが問題ではなく，長時間ゲームに接触している人でも，社会的に不適応ではない人も多く，その区別が明確につけられるような尺度の作成が模索されています。たとえば，チャールトンらは，Asheron Call というオンラインゲームのユーザーを対象に調査を行い，ゲーム中毒者に特徴的な要素（離脱症状，再発，葛藤，対人関係における問題など）と，ゲーム中毒とはいえない長時間ゲームユーザーに特徴的な要素（気分高揚感，ゲームのことばかり考える，睡眠不足など）とを分けて考える必要性を強調しています（Charlton & Danforth, 2007）。

日本でも，ネトゲ廃人（インターネットを介したゲームなどによって，社会的不適応に陥った人の意）という言葉もあり，ゲームにのめり込んだあまりに社会的に不適応になってしまう人の存在が指摘されることがあります。今後は，ゲームユーザー自身がゲーム依存度を簡単に自己チェックできるような場を設けたり，ゲーム依存に陥らないようなアイデアを募集するなど，ヘルシーなゲーム遊びの処方箋などが求められているように思います。

一方で，このようにゲームに関連して不適応に陥った人たちを，ゲームのみが問題だと帰属できない場合も多いようです。たとえば，学校や家庭で何らかの問題や不適応が生じ，その問題と直面す

ることを避けるように，テレビゲームやオンラインゲームに依存的になってしまう場合もあることが指摘されています。そのような場合も，家族や友達には，オンラインゲームで遊んでいる姿ばかりが目につくために，「オンラインゲームの問題」と指摘されている可能性があります。オランダでゲーム中毒の青少年を治療にあたってきたベイカーらは，ゲーム中毒にあたる患者はせいぜい 10% であり，8 割の青少年が学校でいじめられた経験があり，孤立する傾向にあるなど，社会的問題を抱えており，ゲーム中毒者としての治療ではうまくいかず，青少年の声に耳を傾ける，コミュニケーションスキル，社会的スキルを向上させるなどの対応策のほうが効果があると指摘しています（Maguire, 2007）。同様に，カトナーらも，情緒的な問題やストレスを抱えていて，オンラインゲームに依存的になってしまうという可能性を指摘し，ゲーム依存の奥に潜む真の問題に気づき，思春期の子どもたちに手を差し伸べる必要性を説いています（Kutner & Olson, 2008）。

　また，どのような人たちがオンラインゲーム依存になりやすいかについては，日本でも，平井・葛西（2005）が研究を行っています。タイプ A 性格傾向のある人は，本来潜在的不登校引きこもり傾向にはなりにくいのですが，タイプ A 性格傾向とオンラインゲーム依存，オンラインゲーム依存と潜在的不登校引きこもり傾向との間に，それぞれ正の相関関係がみられ，オンラインゲーム遊びを媒介にして，タイプ A 性格傾向と潜在的不登校引きこもり傾向とが関連していることを明らかにしました。つまり，タイプ A 性格傾向の子どもが，学校や家庭で何らかの問題や不適応が生じた場合，テレビゲームやオンラインゲームに逃避し，社会的不適応に陥ってしまう場合もあるのかもしれません。もちろん，このような形で社会的不適応に陥る少年が存在したとしても，それはオンラインゲームに限った現象ではないのでしょうが，現代においては，オンライン

ゲームが目立つ存在のひとつになっている可能性は十分あるように思います。

対応策のひとつとして、テレビゲームで遊びたいという子どもたちの意思を積極的に活用する方法もとられています。たとえば、二階堂（2005）は、テレビゲームを含めて子どもがほしいものを購入し、自由に遊ばせることを、「教育的投資」と考えるように保護者を指導するなかで、子どもの不登校という社会的不適応の問題が解決した事例を報告しています。二階堂の意見は、ゲームを中毒とみなし、問題視する立場とは一見正反対ですが、テレビゲームで遊ぶことを家庭でどう位置づけるか、家庭での対応いかんによって、子ども本人の態度が変わってくると考えるなら、対応策のひとつとして検討すべきだと思われます。つまり、テレビゲームを麻薬と捉え、最終的にはテレビゲームから引き離すことがひとつの解決方法である一方で、むしろ、テレビゲームに夢中になることのなかにポジティブな意義を見出し、自由に遊ばせるなかで、子どもが自ら何をしたいか、何をすべきかを考え、選び、自立させていくという対応策もあるかと思います。

7　テレビゲームと認知的発達

テレビゲームの認知的発達への影響という点で、多くの日本人の頭にまず浮かぶのは、森（2002）が提唱したゲーム脳仮説でしょう。森は『ゲーム脳の恐怖』のなかで、「意欲、判断、情動抑制など、人間らしさを保つために重要な働きをする前頭前野が、ゲーム漬けで危機に瀕している」ことを説きました。α波、β波の動きをグラフに示すなど、わかりやすく示したゲーム脳仮説は、テレビ、雑誌、新聞など、各種マスメディアで報じられました。その後の研究では、森が独自に開発した脳波測定装置であること、脳イメージングなど

対照データの不足など，その科学的根拠に対する批判が相次いでいます（安藤, 2003；府元, 2006）。他の研究でも，テレビゲームのプレイ時に前頭前野の活動が低下しやすいことは確認されていますが（松田ほか, 2003），このような現象は，漫画を読んだり，オセロゲームをしたりするときにもみられる状態であり，脳がリラックスしている証拠だという見方もあります（読売新聞, 2006）。テレビゲームが子どもの認知的発達に及ぼす長期的影響に関しては，まだ研究数が少なく断定はできないのですが，前頭前野が広範囲に活性化しないからといって，テレビゲームが子どもの脳に悪影響を及ぼすとは言い切れないと思います。

　また，子どもの認知的発達への影響という点で，注目されてきた研究分野のひとつは，子どもの学業成績との関連性です。1980年代に実施された調査では，ゲームセンターで遊ぶ頻度が高いと，学力が低い傾向がみられましたが，家庭でテレビゲームで遊ぶ時間と学力との間には関連性がみられていません（Lin & Lepper, 1987）。その一方で，暴力的なテレビゲームを好むと，知能指数が低いことを示す研究もあります（Wiegman & van Schie, 1998）。日本の小学生を対象とした調査でも，テレビゲームで遊ぶ頻度が多いと，学業成績が低い傾向がみられています（坂元, 1992）。学業成績とテレビゲーム接触との関連性は，まだ研究数が少ないものの，テレビゲームで長時間遊ぶ子どもたちの勉強時間が短いのであれば，学業成績が低い傾向がみられたとしても，それは，学習時間の問題だといえます。

　一方，テレビゲームの教育的利用に関しても，教育関係者，教育産業などからも注目が集まりつつあります。これまで比較的研究が行われている分野は，空間視覚化能力，視覚的注意，情報処理能力，問題解決能力などです（井堀, 2003）。

　テレビゲームでは，2次元，3次元の空間で，コントローラーを操作し，物や主人公を動かします。このような空間処理能力を必要と

するテレビゲームで遊ぶことで，**空間視覚化能力**（物体を頭の中で回転させたり，想像上の空間で操作したりする能力）を向上させる効果があることが，大学生に対する実験で示唆されています（Feng et al., 2007 ; McGee, 1979）。また，パイロットなど，複数の計測器の目盛りを同時に確認しながら作業を進める**視覚的注意能力**を求められる職業もありますが，グリーンらは，テレビゲームで頻繁に遊んでいる人の視覚的注意能力は，テレビゲーム未経験者と比べて，優れていることを明らかにしています（Green & Bavelier, 2003）。日本でも，湯地がテレビゲーム遊びと**平行情報処理能力**との関係を検討しており，テレビゲームでよく遊ぶ幼稚園児は，色，形の情報をより瞬時に判断することができ，平行情報処理能力が高い傾向がみられています（Yuji, 1996）。

また，思考能力については，坂元らは，テレビゲームで遊ぶことは小学生の創造性には影響を及ぼしていないが，小学生女子の**演繹的能力**が低下する傾向があることをパネル研究で示しています（坂元ほか，1998）。けれども一方で，テレビゲームで遊ぶ幼稚園児の**帰納的問題能力**があまり遊ばない園児よりも高い傾向がみられています（湯地，1996）。その他にも，アメリカでは，『シムシティー』という都市環境を整備するシミュレーションゲーム体験で，看護学生の**批判的思考能力**が向上したことを示す研究があります（Bareford, 2001）。したがって，まだ断定できないものの，テレビゲームによって認知的発達を促すことで効果がみられそうな得意な分野と，効果が検出されにくい，いわば不得意な分野があるのかもしれません。

また，歴史など，子どもたちにとって，やや難しく，敬遠されがちな学習にテレビゲームを活用することで，歴史への理解を促したことを示す研究もあります（BBC, 2000）。近年では，脳を鍛えるゲーム，漢字を覚えるゲーム，英語などの言語を学ぶゲーム，歴史を学ぶゲームなどが商品化され，教育的なテレビゲームも多く発売さ

れていますが，従来の方法（講義，映画，本など）よりも，テレビゲームのほうが効果的に学習できる内容が明らかにできるなら，教育の場でもっと活用されるようになるでしょう。

8 テレビゲームの暴力シーンと攻撃性

　日本では，ゲーム脳や社会的引きこもりなどとの関連でテレビゲームが問題になるケースも多いですが，欧米諸国で社会的懸念が最も強く，研究数が最も多い分野が，テレビゲームの暴力シーンが子どもの攻撃性に及ぼす影響です。このテーマについては，70を超える研究がすでに報告されており，表2-2のような傾向がみられています（Bensley & Eenwyk, 2001 ; 坂元, 2004 ; 渋谷, 2001, 2003）。

　暴力シーンの影響を説明する理論として，アンダーソンら（Anderson & Bushman, 2002）が一般攻撃性モデル（general

表 2-2　テレビゲームの暴力シーンと攻撃性についての研究の概要

研究の種類			研究結果	国
調査	相関研究		○	日米英
	パネル調査		○	日
実験	攻撃行動	自由遊びの観察（5～8歳）	○	米
		実験室での測定（10～14歳）	×	米
		実験室での測定（大学生）	○	日米
	攻撃思考		○	日米
	敵意感情		×	日米
	生理的覚醒		×	日米
メタ分析			○	米

研究結果の○は，（暴力的）テレビゲームで遊んだ時間と攻撃行動／攻撃性との関連性がみられた調査が多いこと，または暴力的なテレビゲームで遊ぶ群で，非暴力的なテレビゲームで遊ぶ群よりも，攻撃行動や攻撃思考が促進された実験が多いことを示す。×はそのような結果がみられていないことを示す。

aggression model ; GAM)を提唱しています。アンダーソンらは，図 2-2 に示すように，テレビ，テレビゲームなど，メディアで描かれた暴力シーンに長期間接するなかで，暴力について学習したり，暴力行為のリハーサルを行ったりすることにより，攻撃に関連する知識構造（攻撃的信念や態度，攻撃的知覚スキーマ，攻撃的期待スキーマ，攻撃行動のスクリプトなど）が強化され，暴力シーンに対する慣れ（＝脱感作）が生じ，攻撃性が高まる可能性があることを理論として示しました。これまで提唱されてきた諸理論（社会的学習理論，認知的新連合理論など）を統合した理論といえるでしょう。そして，長期的な影響という点では，実験室で行う実験よりも，自己報告や他者評価による質問紙調査などによって，検討されてきました。

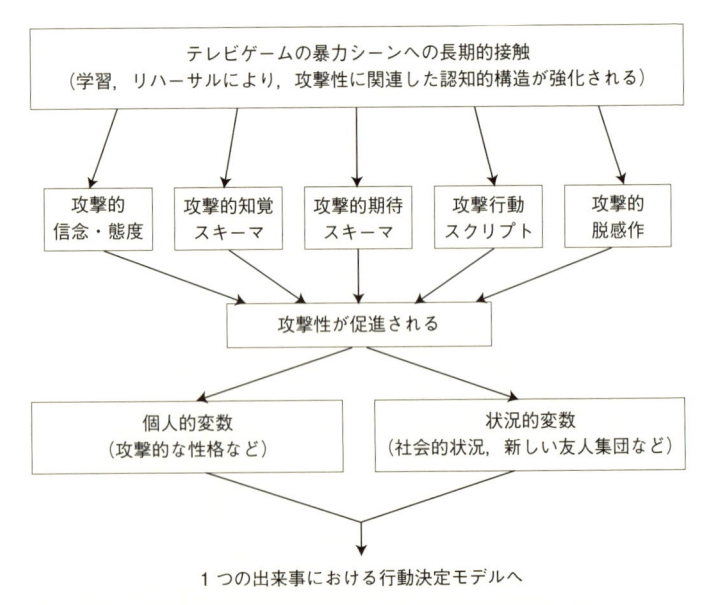

```
テレビゲームの暴力シーンへの長期的接触
（学習，リハーサルにより，攻撃性に関連した認知的構造が強化される）

 ↓         ↓           ↓          ↓         ↓
攻撃的    攻撃的知覚   攻撃的期待   攻撃行動   攻撃的
信念・態度  スキーマ     スキーマ    スクリプト  脱感作

          →    攻撃性が促進される    ←

  個人的変数              状況的変数
（攻撃的な性格など）   （社会的状況，新しい友人集団など）

        ↓
1 つの出来事における行動決定モデルへ
```

図 2-2　テレビゲームの暴力シーンの影響についての GAM 長期モデル（Anderson & Bushman, 2002, p. 42 より引用）

海外では，アメリカとイギリスでそれぞれ行われた2つの調査で，暴力的なテレビゲームで遊ぶ時間が長い人ほど，攻撃行動を多く報告するという結果が得られています（Anderson & Dill, 2000 ; Colwell & Payne, 2000）。日本でも，小中学生を対象に実施された調査で，家庭のテレビゲームで遊ぶ時間が長い人ほど，攻撃行動が多くみられるか，攻撃性が高い傾向がみられています（総務庁青少年対策本部, 1999；郵政省放送行政局, 2000；松崎, 2005；松崎ほか, 2004）。

　また，時系列上の異なる2点での現象の関連性を測定し，「暴力的なテレビゲームで遊ぶことが攻撃行動に影響を与えるのか」，それとも逆に，「攻撃性の高い児童・生徒が暴力的なテレビゲームを好むのか」，という因果の方向を検証したパネル調査も日米で実施されています。アメリカで実施されたパネル調査では，暴力的なメディアへの接触により，攻撃性に長期的な影響を及ぼすことが示唆されていますが（Gentile et al., 2004 ; Slater, 2003），テレビゲームだけでなく，テレビ，映画，ビデオ，インターネットの暴力シーンへの接触などを統合させており，テレビゲームの暴力シーンの影響のみを検証したパネル研究はまだ海外では報告されていません。

　最近，日本で小学生を対象に実施されたパネル調査では，テレビゲームの使用量が多い人ほど，6か月後に身体的暴力が多くみられる（井堀ほか, 2003），テレビゲームの暴力シーンへの接触時間が長いほど，1年後に短気な傾向がみられる（渋谷ほか, 2004）などの影響がみられています。さらに中高校生を対象に実施されたパネル調査でも，1回目の調査時において，テレビゲームの暴力シーンに頻繁に接触した人は，4か月後の攻撃性が促進されるという因果の方向が示唆されています（湯川・坂元, 2001）。

　そのほかに，同じテーマで行われた複数の研究結果を統計的手法によって統合し，全体としての効果を推定する方法として，テレビ

ゲームの暴力シーンの影響に関してもメタ分析が報告されています（Anderson et al., 2010 ; Ferguson, 2007 ; Sherry, 2001）。どの分析でも，テレビゲームの暴力シーンが攻撃性（とくに攻撃的思考）に影響を及ぼす可能性があることが明らかになっています。その影響力の大きさは，テレビの暴力シーンの影響力と比較すると，テレビゲームのほうが小さいようです（Paik & Comstock, 1994 ; Sherry, 2001）。けれども，このメタ分析には，テレビゲームの映像的現実性が乏しかった 1980 年代に行われた調査や実験も含んでいるので，その解釈にあたっては，留意が必要です。同時に，調査や実験が実施された年とともに，その影響力は次第に強くなっているので（Sherry, 2001），テレビゲームの暴力シーンの影響力が今後も大きくなっていく可能性も残されているといえるでしょう。

まだ実験で用いられたゲームソフトも限られており，結論づけることは難しいものの，暴力シーンのあるテレビゲームで遊ぶことにより，攻撃性が高まる場合があることは，実証されつつあるといえるでしょう。ただし，その影響力はすべての人に対して同じではなく，テレビゲームの暴力シーンの性質，プレイヤーの性別，性格，接触環境，遊び方，社会環境などによって異なる可能性があり，まったく影響を受けない場合もあるでしょうし，暴力シーンを見て，暴力を批判的に学習し，攻撃性が下がる場合もあると考えます。

たとえば，暴力シーンの影響を受けやすいパーソナリティとしては，攻撃性が高い人が暴力シーンの影響を受けて，さらに攻撃的になるという傾向がみられます（Anderson & Dill, 2000）。一方で，より複雑な物の見方をする中学生は，暴力シーンに接触しても攻撃性が高くなりにくい傾向もみられています（鈴木ほか，2009）。したがって，テレビゲームの影響の受け方もパーソナリティによって異なるといえます。

9　テレビゲームとその他のパーソナリティ

　また，攻撃性への影響だけでなく，テレビゲームの暴力シーンを好むと，共感性が低い傾向がみられています。女性のほうが共感性が高く，男性のほうが共感性が低い傾向があり，男性のほうがテレビゲームの暴力シーンを好む傾向があるのですが，このような男女差を考慮しても，テレビゲームの暴力シーンを好むと，共感性が低い傾向がみられています（Funk et al., 2004 ; Sakamoto, 1994）。ただし，テレビゲームの暴力シーンの影響で，男女別で分析しても，共感性が低くなるという因果の方向を示すパネル調査はまだ報告されていないため，今後さらなる研究が求められています。つまり，テレビゲームの暴力シーンの影響で，共感性が低くなるのか，それとも，共感性が低い子どもがテレビゲームの暴力シーンを好むのか，その因果の方向は明らかになっていません。

　また，テレビゲームの暴力シーンに多く接するほど，向社会的行動（prosocial behavior）や援助的行動（helping behavior）が少なくなることを示す研究もあります（Wiegman & van Schie, 1998 ; Anderson et al., 2010）。一方で，テレビゲームの向社会的シーンに多く接するほど，向社会的行動が増える調査や実験も報告されています（Gentile et al., 2009）。日本で小学5年生を対象に行われたパネル調査でも，テレビゲームの暴力シーンに多く接すると，2か月後の向社会的行動が減少する一方で，向社会的シーン（人を助けるなど）に多く接すると，向社会的行動が増加するという報告もあります（井堀ほか，2008）。ただし，まだ研究数が少ない上，戦うシーンがまったくなく，人を助けることのみを目的としたゲームソフトも，限られていることから，今後のゲームソフト開発と研究が必要な分野のひとつです。

10 おわりに

　テレビゲームとパーソナリティについて，日本だけでなく，アメリカやヨーロッパなどで行われた研究を概観してみましたが，テレビゲームの暴力シーンの接触により攻撃性が高くなる場合がある，ということ以外は，テレビゲームで遊ぶことが，パーソナリティの形成に寄与するのかどうかはまだ十分に明らかになっていないといえるでしょう。他の性格特性については，社会性に関しては，因果関係が逆である可能性が高く，「ゲーム族」に仮にそのような特徴があるにせよ，人との付き合いが苦手な人のなかに，テレビゲームにのめりこんでしまう人がいると考えたほうがよいように思います。また，共感性，向社会的行動，自尊心については，もっと研究が必要だと思われます。

　このように，まだテレビゲームの影響であるかどうか断定できないにもかかわらず，特定のパーソナリティがあたかもテレビゲームの影響であるかのように語られる現状に注意を喚起したいと思います。テレビゲームが登場したばかりの1980年代ならまだしも，四半世紀が過ぎた今日において，そのような言説がまかり通っていることに，テレビゲームというメディアに対する偏見が，テレビゲームの主要な輸出国である日本国内でこれほど強かったことに，メディア研究者として，きちんと正面から向き合わなければならないと思っています。そして，メディアの歴史を少しでも振り返っていただけるならば，新しく登場したメディアが特定のネガティブなパーソナリティと結びつけて語られやすいことに気づくはずです。テレビが特定のパーソナリティと結びつけられて語られることが少なくなったように，そろそろ「ゲーム族」のパーソナリティが，まことしやかに語られることが減っていくことを心より願わずにはいられません。

引用文献

Anderson, C. A., & Bushman, B. J. (2002). Human aggression. *Annual Review of Psychology*, **53**, 27-51.

Anderson, C. A., & Dill, K. E. (2000). Video games and aggressive thoughts, feelings, and behavior in the laboratory and in life. *Journal of Personality and Social Psychology*, **78**, 772-790.

Anderson, C. A., Shibuya, A., Ihori, N., Swing, E. L., Bushman, B. J., Sakamoto, A., Rothstein, H. R., & Saleem, M. (2010). Violent video game effects on aggression in eastern and western countries: A meta-analytic review. *Psychological Bulletin*, **136** (2), 151-173.

安藤玲子 (2003). テレビゲームは,脳の発達に悪影響を及ぼすか 坂元章(編) メディアと人間の発達―テレビ,テレビゲーム,インターネット,そしてロボットの心理的影響― 学文社 pp. 125-128.

東 浩紀 (2001). 動物化するポストモダン―オタクから見た日本社会― 講談社現代新書 講談社

Bareford, C. G. (2001). Community as client: Environmental issues in the real world: A Sim City computer simulation. *Computes in Nursing*, **19**, 11-16.

Barnett, M. A., Vitaglione, G. D., Harper, K. K. G., Quackenbush S. W., Steadman, L. A., & Valdez, B. S. (1997). Late adolescents' experiences with and attitudes toward videogames. *Journal of Applied Social Psychology*, **27**, 1316-1334.

BBC News (2000). Video games 'valid learning tools' <http://news.bbc.co.uk/1/hi/education/730440.stm> (2006年10月20日)

Bensley, L., & Eenwyk, J. V. (2001). Video games and real-life aggression: Review of the literature. *Journal of Adolescent Heath*, **29**, 244-257.

Caillois, R. (1967). *Les jeux et les Hommes*, édition revue et augmentée. Paris, Gallimard (カイヨワ・R. 多田道太郎,塚崎幹夫(訳) (1990) 遊びと人間 講談社)

Charlton, J. P., & Danforth, I. D. W. (2007). Distinguishing addiction and high engagement in the context of online game playing. *Computers in Human behavior*, **23**, 1531-1548.

コンピュータエンターテインメントソフトウェア協会(CESA) (2001). 2001 CESA キッズ調査報告書 コンピュータエンターテインメントソフトウェア協会

コンピュータエンターテインメント協会(CESA) (2004). 2004 CESA

キッズ調査報告書　コンピュータエンターテインメント協会
Colwell, J., Grady, C., & Rhaiti, S. (1995). Computer games, self-esteem and gratification of needs in adolescents. *Journal of Community and Applied Social Psychology*, **5**, 196-206.
Colwell, J., & Kato, M. (2003). Investigation of the relationship between social isolation, self-esteem, aggression and computer game play in Japanese adolescents. *Asian Journal of Social Psychology*, **6**, 149-158.
Colwell, J., & Kato, M. (2005). Video game play in British and Japanese adolescents. *Simulation & Gaming*, **36** (4), 518-530.
Colwell, J., & Payne, J. (2000). Negative correlates of computer game play in adolescents. *British Journal of Psychology*, **91**, 295-310.
遠藤明子・生長有希・下村（小原）依子・松本和子 (2000). テレビゲームに関する精神生理学的研究　臨床教育心理学研究, **26** (1), 57-68.
Feng, J., Spence, I., & Pratt, J. (2007). Playing an action video game reduces gender differences in spatial cognition. *Psychological Science*, **18** (10), 850-855.
Ferguson, C. J. (2007). Evidence for publication bias in video game violence effects literature: A meta-analytic review. *Aggression and Violent Behavior*, **12**, 470-482.
Funk, J. B., Baldacci, H. B., Pasold, T., & Baumgardner, J. (2004). Violence exposure in real-life, video games, television, movies, and the Internet: Is there desensitization? *Journal of Adolescence*, **27**, 23-39.
Funk, J. B., & Buchman, D. D. (1996). Playing violent video and computer games and adolescent self-concept. *Journal of Communication*, **46** (2), 19-32.
Gentile, D. A. (2009). Pathological video-game use among youth ages 8 to 18: A national study. *Psychological Science*, **20**, 594-602.
Gentile, D., Anderson, C. A., Yukawa, S., Ihori, N., Saleem, M., Ming, L. K., Shibuya, A., Liau, A. K., Khoo, A., Bushman, B. J., Huesmann, L. R., & Sakamoto, A. (2009). The effects of prosocial video games on prosocial behaviors: International evidence from correlational, longitudinal, and experimental studies. *Personality and Social Psychology Bulletin*, **35**, 752-763.
Gentile, D. A., Walsh, D. A., Ellison, P. R., Fox, M., & Cameron, J. (2004). Media violence as a risk factor for children: A longitudinal study. Paper presented at the meeting of American Psychological Society, Chicago.

Green, C. S., & Bavelier, D. (2003). Action video game modifies visual selective attention. *Nature*, **423**, 534-537.

Greenberg, B. S., Sherry, J., Lachlan, K., Lucas, K., & Holmstrom, A. (2010). Orientations to video games among gerder and age groups. *Simulation & Gaming*, **41**, 238-259.

府元　晶（2006）．「ゲーム脳」とは何か？―「日本人として非常に恥ずかしい」―　コンピュータエンターテインメント協会（CESA）（2006）．CESAゲーム白書2006年版　コンピュータエンターテインメント協会　pp. 34-47.

平井大祐・葛西真記子（2006）．オンラインゲームへの依存傾向が引き起こす心理臨床的課題―潜在的不登校・ひきこもり心性との関連性―　心理臨床研究, **24**（4）, 430-441.

Huffman, K., Vernoy, M., & Vernoy, J. (1997). *Psychology in action*. (4th Ed.) New York: John Wiley & Sons.

井堀宣子（2003）．テレビゲームと認知能力　坂元　章（編）メディアと人間の発達―テレビ, テレビゲーム, インターネット, そしてロボットの心理的影響―　学文社　pp. 80-94.

井堀宣子・坂元　章・井出久里恵・小林久美子（2002）．テレビ使用がシャイネスに及ぼす影響―中学生の縦断データの分析―　性格心理学研究, **11**, 54-55.

井堀宣子・坂元　章・小林久美子・木村文香（2003）．小学生のテレビゲーム使用と攻撃性の因果関係に関するパネル研究―身体的暴力に対する影響―　シミュレーション＆ゲーミング, **13**（2）, 139-148.

井堀宣子・坂元　章・渋谷明子・湯川進太郎（2008）．テレビゲームが子どもの攻撃行動および向社会的行動に及ぼす影響―小学生を対象にしたパネル研究―　デジタルゲーム学研究, **2**（1）, 34-43.

岩重健一・中村晴信・甲田勝康・金森雅夫・竹内宏一（1999）．中学生の心理特性とテレビゲームの関連性についての研究　日本衛生學雜誌, **54**（1）, 327.

神村栄一（1999）．パーソナリティ　中島義明・安藤清志・子安増生・坂野雄二・繁桝算男・立花政夫・箱田祐司編　心理学辞典　有斐閣

Kestenbaum, G. I., & Weinstein, L. (1985). Personality, psychopathology, and developmental issues in male adolescent video game use. *Journal of the American Academy of Child Psychiatry*, **24**(3), 329-333.

木村文香（2003）．テレビゲームと認知能力　坂元　章（編）メディアと人間の発達―テレビ, テレビゲーム, インターネット, そしてロボットの心理的影響―　学文社　pp. 115-124.

木村文香・坂元　章・相良順子・坂元　桂・稲葉哲郎　(2000). テレビゲームの使用と社会的適応性に関する縦断データの分析　性格心理学研究, **8** (2), 130-132.

栗谷とし子・吉田由美　(2008). 幼児のテレビ・ビデオ視聴時間, ゲーム時間と生活実態との関連　小児保健研究, **67** (1), 72-80.

Kutner, L., & Olson, C. K. (2008). *Grand theft childhood: The surprising truth about violent video games and what parents can do*. New York: Simon & Schuster.

Lemmens, J. S., Valkenburg, P. M., & Peter, J. (2009). Development and validation of a game addiction scale for adolescents. *Media Psychology*, **12**, 77-95.

Lin, S., & Lepper, M. R. (1987). Correlates of children's usage of videogames as a function of their emotional effects on players. *Journal of Applied Social Psychology*, **17**, 72-93.

Lucas, K., & Sherry, J. L. (2004). Sex differences in video game play. *Communication Research*, **31**, 499-523.

Maguire, P. (2007). Compulsive gamers 'not addicts' <http://news.bbc.co.uk/2/hi/technology/7746471.stm> (2009年7月21日)

桝山　寛　(2001). テレビゲーム文化論―インタラクティブ・メディアのゆくえ―　講談社

松田　剛・開　一夫・嶋田総太郎・小田一郎　(2003). 近赤外分光法によるテレビゲーム操作中の脳活動計測　シミュレーション＆ゲーミング, **13** (1), 21-31.

松崎展也　(2005). 児童のテレビゲームに関する研究―テレビゲームの攻撃性とその軽減に及ぼす読書の効果―　愛媛大学大学院教育学研究科修士論文（未公刊）

松崎展也・渡辺広人・佐藤公代　(2004). テレビゲームの攻撃性に関する教育心理学的研究　愛媛大学教育学部紀要, **51** (1), 45-52.

McClure, R. F., & Mears, F. G. (1986). Video game playing and psychopathology. *Psychological Reports*, **59**, 59-62.

McGee, M. G. (1979). Human spatial abilities: Psychometric studies and environmental, genetic, hormonal, and neurological influences. *Psychological Bulletin*, **85**, 889-918.

森　昭雄　(2002). ゲーム脳の恐怖　NHK出版

二階堂正直　(2005). テレビゲーム時代の子育て―親の期待と子どもの本音―　新風舎

新田まや・城　仁士　(2002). テレビゲームが小中学生の自己効力感に及

ぼす影響　人間科学研究, **9**(2), 19-27.

野村　忍 (1999). タイプA行動パターン 中島義明・安藤清志・子安増生・坂野雄二・繁桝算男・立花政夫・箱田祐司編 心理学辞典 有斐閣

岡田尊司 (2005). 脳内汚染 文藝春秋

岡田斗司夫 (2008). オタク学入門 新潮文庫 新潮社

Paik, H., & Comstock, G. (1994) The effects of television violence on antisocial behavior: A meta-analysis. *Communication Research*, **21**, 516-546.

坂元　章 (1992). 子供のテレビゲーム使用と社会的発達―共感性・協同性・認知的複雑性・攻撃性・戦争観・学級内地位・成績― お茶の水女子大学人文学部紀要, **45**, 169-186.

Sakamoto, A. (1994). Video game use and the development of sociocognitive abilities in children: Three surveys of elementary school students. *Journal of Applied Social Psychology*, **24**(1), 21-42.

坂元　章 (2004). テレビゲームと子どもの心―子どもたちは凶暴化していくのか?― メタモル出版

坂元　章・足立にれか・鈴木佳苗・馬場英顯・櫻谷昭夫・大串一彦・原　勤・坂元　昂 (1998). コンピュータ使用と子供の論理性・創造性の発達に関するパネル研究 日本教育工学会誌, **22**, 65-68.

坂元　章・湯川進太郎・渋谷明子・井堀宣子 (2002). 青少年と放送に関する調査研究―テレビとテレビゲームにおける暴力が青少年の攻撃性に及ぼす影響を中心として― 総務省情報通信政策局報告書 (未公刊)

Selnow, G. (1984). Playing video games: The electronic friend. *Journal of Communication*, **34**, 148-156.

Sherry, J. L. (2001). The effects of violent video games on aggression: A meta-analysis. *Human Communication Research*, **27**, 409-431.

渋谷明子 (2001). テレビゲームの暴力描写が攻撃行動に及ぼす影響 ―研究の現状と課題― 慶應義塾大学大学院社会学研究科紀要, **53**, 55-67.

渋谷明子 (2003). テレビゲームと暴力 坂元　章(編) メディアと人間の発達―テレビ, テレビゲーム, インターネット, そしてロボットの心理的影響― 学文社 pp. 95-114.

渋谷明子・坂元　章・井堀宣子・湯川進太郎 (2004). メディア暴力への接触・接触環境が攻撃性に及ぼす長期的影響―小学生へのパネル調査― 日本社会心理学会第45回大会論文集, 248-249.

白石信子 (1998). "つきあい"にも欠かせないテレビとテレビゲーム ―「小学生の生活とテレビ'97」調査から― 放送研究と調査, **48**, 2-19.

Slater, M. D., Henry, K. L., Swaim, R. C., & Anderson, L. L. (2003).

Violent media content and aggressiveness in adolescents: A downward spiral model. *Communication Research*, **30**, 713-736.

総務庁青少年対策本部（編）（1999）．青少年とテレビ，ゲーム等に係る暴力性に関する調査研究報告書　総務庁青少年対策本部

総務省（編）（2006）．平成18年度 情報通信白書―ユビキタスエコノミー――　ぎょうせい

鈴木佳苗・佐渡真紀子・堀内由樹子・長谷川真理・坂元　章（2009）．中学生のテレビゲーム使用と攻撃性―暴力描写視聴の影響および認知的熟慮性による調整効果の検討―　デジタルゲーム学研究, **3**(1), 27-38.

高山草二（2000）．ビデオゲームにおける内発的動機づけとメディア嗜好性の分析　教育情報研究, **15**(4), 11-19.

魚住絹代（2006）．いまどき中学生白書　講談社

Wiegman, O., & van Schie, E. G. M. (1998). Video game playing and its relations with aggressive and prosocial behaviour. *British Journal of Social Psychology*, **37**, 367-378.

読売新聞（2006）．脳を鍛えるゲーム，ヒット　サル化する未来にNO！<http://www.yomiuri.co.jp/junior/articles_2006/060506.htm>（2006年12月15日）

Yuji, H. (1996). Computer games and information-processing skills. *Perceptual and Motor Skills*, **83**, 643-647.

湯地宏樹（1996）．幼児のテレビゲーム遊びと規則性推理との関係　幼年教育研究年報, **18**, 57-62.

湯川進太郎・坂元　章（2001）．テレビおよびテレビゲームにおける暴力が青少年の攻撃性に及ぼす影響 ―中学生および高校生を対象とした縦断データの分析―　日本社会心理学会第42回大会発表論文集, 502-503.

郵政省放送行政局（2000）．子どものテレビとテレビゲームへの接触状況に関するアンケート調査報告書　（未公刊）

第3章　インターネットとパーソナリティ

西村洋一

1　はじめに

[1] インターネットは「からっぽ」?

　だいぶ以前になりますが，ストール（Stoll, 1995；日本語版 1997）による「インターネットはからっぽの洞窟」という本が出版されました。出版された当時は，インターネットが急速に普及し，世の中でのインターネットにかけられた期待はとても大きいものであったかと思います。そのような雰囲気のなかで書店にてこの本を見つけたときは結構な衝撃を受けたものです[1]。この本が出版されてから十数年がたちました。その間にもインターネットはますますの普及を遂げています。その中でインターネットの社会的影響，あり方，規制の是非というように多岐にわたって議論が繰り返されてきました。たとえば，2001年に掲載された新聞記事の見出しには，「ネット漬け人恋し」「20XX 年小学生に『電脳中毒症』。IT 革命の深化で，『著作権』が消滅の危機」などの文言が踊っています（朝日新聞, 2010）。ここからはインターネットへの期待と不安が入り混じっている様子がうかがえます（記事の内容は不安のほうが大きいかもしれませんが）。2001年といえば「IT 革命」といった言葉が広ま

---

[1]　原題が「Silicon snake oil: Second thoughts on the information highway.」ということで，原題もかなり挑発的なもの（"snake oil" は「あやしげな万能薬」といった意味）となっています。

り，インターネットが本格的に社会に普及してきた頃です。これ以降もインターネットについて多くの議論が重ねられ，今に至ります。もちろん心理学の領域においてもインターネットに関する研究は多数行われています。しかし，今となってもインターネットは「からっぽ」なのかという問いに一言で答えるのは難しいようです。

[2] インターネットとは

インターネットは現在世界中に普及している比較的新しいメディアです。日本国内の普及状況をみるために，図3-1に総務省によるインターネット利用者数，人口普及率の調査結果を示しました。これをみると日本国内における普及の目覚ましさがみてとれます。そして，利用人口は2009年の時点で総人口の3分の2を超えるまでになりました。ブロードバンド化も進んでおり，今後も私たちの生活の中にさらに浸透していくことが期待されています。

インターネットの起源をたどってみると，1960年代後半にまでさかのぼることができます。ただし，今現在私たちが何気なく利用しているウェブサイトなどを可能とした仕組みであるWorld Wide

図3-1　インターネット利用者数・人口普及率の動向（総務省（2010）による「通信利用動向調査」を基に作成した。）

1 はじめに

Web（WWW）が誕生したのは，1990年代に入ってからであり，それから一般の利用者にも爆発的に普及していきました。その点を考慮してみると，インターネットの一般への普及はここ十数年で成し遂げられたものであり，驚くべきものであります。そして，その普及とともに私たちの生活も大きな変化を遂げています。仕事場，家庭，学校といった多くの場での生活，そしてそこでの人間関係といった多くの場面でその大きな影響が確かに感じられると思います（Bargh & McKenna, 2004）。

「インターネット」と一口にいっても，多様な利用法があります。コミュニケーションという点に焦点を当てたとしても，インターネット上ではEメールやウェブサイト，ウェブログ（ブログ）あるいは掲示板やソーシャル・ネットワーキング・サービス（SNS），ニュースグループ，チャット，オンラインゲームなどいろいろなものが利用できます。図3-2はそれらのコミュニケーションを受け手の人数，コミュニケーションの同期性といった観点からまとめたものです。このように多様な形態があることを考慮するとインターネット

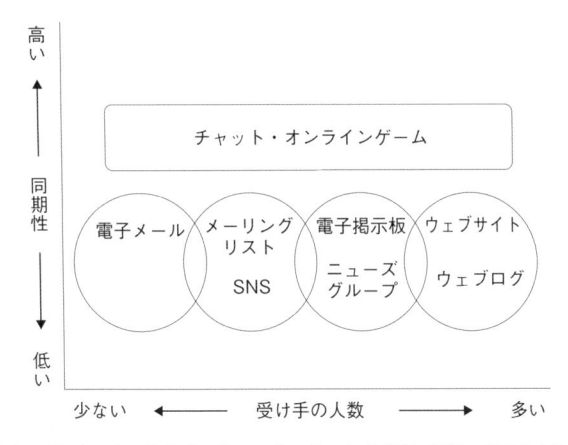

図3-2 インターネット上のコミュニケーションの分類（宮田，1998をもとに改変）

がもつメディアとしての特徴を一口にまとめることはなかなか難しいですが、コミュニケーション・メディアという点から考えてみると、大きな特徴として**匿名性**があげられます。インターネット上で他者とコミュニケーションを行う場合に、主なコミュニケーション手段は文字によることが多いです（もちろん互いの画像をやり取りしたり、ビデオチャットを行うこともできます）。文字でコミュニケーションを行うということは、インターネット上で初めて出会った相手の場合、相手から得られる情報がきわめて少ない状況となります。性別は何か、年齢はどのくらいか、外見はどのような感じなのか。対面で他者と関わる場合には、初対面であってもこれらの情報はある程度受け取ることができますが、インターネットではそれらの情報が限られているわけです。もちろんこれは自分時自身の相手に与える情報も限られているということになります。

また、匿名性以外にも、非言語的情報や社会的属性の情報の少なさ、類似した他者の見つけやすさ、時間的・距離的な制約の少なさといった特徴があります。これらの特徴により、戦略的な**自己呈示**（相手に与える自己の印象をコントロールしようとすることで、印象管理とも呼ばれます）がしやすい（Walther, 1996）、社会的にマイノリティである人たちがオンラインコミュニティなどで仲間を見つけ利益を得る可能性が高まる（McKenna & Bargh, 1998）、インターネットがなければ知り合うことのなかった異国や異なる文化の他者と出会うことができるといったことにつながります。

[3] インターネット研究とパーソナリティ研究の関わり

インターネットはさまざまな特徴をもっていますが、利用法は人によっても違うでしょう。また、利用者によって受ける影響も異なるかもしれません。このようにインターネットとその利用者との影響関係を考えるには、インターネットの特徴だけではなく、利用者

1 はじめに

側の要因も考慮する必要があると考えます。その際，利用者の要因として利用者がどのような人であるのかということを特徴づけるパーソナリティという概念は非常に重要なものになるでしょう。パーソナリティは思考や認知や感情を含む人間の幅広い行動を特徴づけるものであり，パーソナリティを考慮することにより，インターネット上での特定の行動，そしてその個人差が生じる理由をうまく理解できる可能性があります。さらに，インターネットは先述のようにオフラインとは異なる特徴を有しており，それらのメディアの特徴・メディアが与える影響とパーソナリティが関わりあうことである特定の行動が生じる可能性もあります。いずれにせよ，利用者のパーソナリティを考慮することはインターネット上での行動の理解のために役立つと考えられるわけです。

インターネット上での心理・行動をパーソナリティという観点から研究することの利点は上記のほかにもあります。これまでの話を含め全体をまとめたものを図3-3に示しました。1つはインターネットというオフラインの世界とは異なる経験をすることが私たちのパーソナリティを変容させるように作用することが考えられます。どのような影響を受けるのかということを理解することはインターネットが普及する社会にあって，社会全体の関心の高い部分であると思います。もう1つはインターネットを通じて研究を行うことにより，これまでにないほどの多くのデータが比較的容易に収集できるようになりました。しかし，特に心理学という分野において，パーソナリティなどの他者の心理を理解する際に利用される心理検査などがインターネット上でも正確に機能するのか未知な部分があります。これらのパーソナリティを踏まえたインターネット研究の知見は，臨床分野，教育分野，産業分野など多くの応用に生かすことができます。

このようにインターネットをパーソナリティという観点から研究

第3章 インターネットとパーソナリティ

```
┌─────────────────────────────────────────┐
│   インターネットに関するパーソナリティ研究    │
└─────────────────────────────────────────┘
       ↓              ↓              ↓
┌──────────────┐ ┌──────────────┐ ┌──────────────┐
│インターネットを用いた│ │インターネット上での利用│ │インターネット利用による│
│パーソナリティの理解 │ │者の行動・人間関係の理解│ │利用者自身への影響  │
│              │ │              │ │              │
│インターネットを通した調│ │利用者のパーソナリティと│ │インターネット利用は利用│
│査でパーソナリティが正確│ │メディアの特徴の相互作用│ │者のパーソナリティを変容│
│に測定できるのだろうか？│ │からどのような行動が生じ│ │させるのだろうか？ そし│
│できないのであろうか？ │ │るのか？        │ │てそれはどのように？  │
└──────────────┘ └──────────────┘ └──────────────┘
       ↓                             ↓
┌──────────────┐        ┌──────────────────────┐
│心理学研究の発展   │   →   │知見の応用             │
│・インターネットを用いたよ│        │・臨床分野（インターネット・セラピーなど）│
│ り大規模な研究の実施など│        │・教育分野（学校教育での活用など）   │
│              │        │・産業分野（対象となる利用者に合ったサー│
│              │        │ ビスの提供など）          │
└──────────────┘        └──────────────────────┘
```

図 3-3 インターネットに関するパーソナリティ研究の全体像

することには多くの必要性，重要性があります。そこで本章では，心理学におけるインターネットについての多様な研究の中から，パーソナリティという利用者の要因とインターネット利用の関係，そして利用者がインターネットから受ける影響について，概観していきたいと思います。

2　インターネット利用による人間関係への影響

インターネットにはコミュニケーション・メディアという側面が強くあり，インターネットというメディアの特徴およびその影響に

ついての理解を深めるために，本節ではまずインターネット利用による人間関係への影響について行われてきた研究をみていきます。

インターネット利用による人間関係への影響について検討を行った研究として，まずはクラウトら（Kraut et al., 1998）によって行われた「ホームネット（HomeNet）」研究を紹介します。この研究ではインターネット利用によって利用者の人間関係などへのネガティブな影響がみられています。研究の概要を説明しますと，インターネットを利用した経験のない93世帯（最終的には73世帯）を対象に，インターネットに接続するための機器を提供し，実際の利用状況，および利用者の人間関係や精神的健康の度合いを1年から2年にわたり記録するという大がかりなものでした。その結果から，インターネットを利用することにより，家族などの身近な人間関係におけるコミュニケーションが減少し，地域の社会的な範囲が狭まり，利用者自身の精神的健康として，孤独感，抑うつの傾向が高まるという影響がみられました。この研究は驚きをもって受け止められました。そしてこの研究の後にもインターネット利用による人間関係への影響について多くの研究や議論が行われ，クラウトらのホームネット研究に対してそれを支持するものもありましたし，逆に問題点をあげ批判するものもありました。

さらに批判的な議論のみでなく，インターネットの利用によってむしろポジティブな影響がみられたという研究も多くあります。たとえば，ホームネット研究の再検討を行ったクラウトら（Kraut et al., 2002）による研究です。この研究では2つの研究結果が示されていますが，研究1ではホームネット研究の1年後の追跡調査を行っています。その結果は，クラウトら（1998）でみられたような，インターネットを利用することによる身近な人間関係への悪影響はみられず，抑うつについてはむしろ追跡調査の期間に低下するという作用がみられました。さらに，研究2では新たな調査対象に1年間

の縦断的調査を行いましたが（インターネットの利用状況は自己報告），そこではむしろ身近にしても遠くにしても，つながりの輪は大きくなり，家族や友人との対面によるコミュニケーションも増加し，人々への信頼も上昇しました。これらはポジティブな影響として考えられます[2]。ホームネット研究の調査対象がインターネットの初心者であったことからインターネットの経験を重ねた効果とも考えられますが，クラウトら（2002）は，調査を行っている期間（1995年から1998年）のインターネット自体の変化（家庭での利用者の増加による親密な他者とのコミュニケーション機会の増加，親密な他者とのコミュニケーションを行うためのオンラインサービスの利用のしやすさの増加，インターネットで提供される情報の量の増加，質の多様化）をその理由として重視しています。

この研究（Kraut et al., 2002）はただポジティブな影響を示しただけでなく，その他にも興味深い結果がみられました。それはコミュニティへの関与といった変数に対してパーソナリティ変数である外向性とインターネット利用との間の有意な交互作用効果が得られた点です。さらなる分析をしたところ，他者との関わりに積極的であるような外向的な人はインターネットを利用することでコミュニティへの関与度が高まりましたが，その反対の内向的な人はインターネットを利用することでむしろコミュニティへの関与度が低下しました。これはクラウトらの仮定した「富者がさらに富む（rich get richer）」という仮説を支持するものです。つまり，外向的である人と内向的である人がインターネットを利用することで，もともとの差がさらに拡大してしまうということです。このような格差の問題は今後の課題になるかと思います。

ところで，オンラインでの人間関係形成のプロセスはどのように

---

2 ただし，地域（この調査ではピッツバーグ）への関わりの度合いは減少するというネガティブな影響も同時に得られています。

考えられているのでしょうか。他者と親密な関係を形成するためには，**自己開示**が重要な役割を果たします（Altman & Taylor, 1973）。自己開示とは，自分自身についての情報を言葉を介して他者に伝える行為です。インターネットでコミュニケーションすることにより，この自己開示が促進される効果があることが示されています（Joinson, 2001 ; Tidwell & Walther, 2002）。そして，マッケンナ，バージらの研究グループは，インターネット上でのコミュニケーションにおいて，オフラインでは表出されにくい**本当の自己**（true self）の部分が表出されやすいという傾向を明らかにしています。たとえば，バージら（Bargh et al., 2002）は，インターネットで他者とコミュニケーションする場面，あるいは対面での場面を設定し，その際に本当の自己の側面と現実の自己の側面の活性化された程度を比較してみました。その結果，インターネットでのコミュニケーションを行った条件では，対面条件よりも本当の自己がより活性化しており（研究1），実際にインターネットで他者とコミュニケーションを行うことにより，このような活性化された本当の自己が相手に対して表出されることが示されました（研究3）。さらにマッケンナら（McKenna et al., 2002）の研究では，インターネットの利用者を対象にした調査を行い，インターネットで本当の自己を相手に表出することは，インターネット上で出会った相手と親密な関係を形成すること，そしてその関係形成の進展の促進につながることが示されました。

このようにインターネットを用いて他者との関係を形成するプロセスの一端が明らかになりましたが，この他者との関係は継続するものなのでしょうか。オンラインでの人間関係は少しでも嫌なことがあればインターネットに接続している機器のスイッチを切ることで関係を終わらせることができる，だからオンラインでの人間関係は希薄なもので長続きするものではないという考え方もできるかもしれません。確かに，人間関係の形成や維持のために用いるための

メディアとしては，インターネットは対面や電話に比べて貧弱であるという結論を出している研究もあります（たとえば，Cummings et al., 2002 ; Shklovski et al., 2004 など）。しかしながら，インターネット上で形成された人間関係は，オフラインでの人間関係と比べて遜色のないものであるという調査結果もあります（たとえば，Parks & Floyd, 1996）。そして，関係の継続性という観点については，マッケンナら（2002）がオンラインで人間関係を形成した人たちについての2年間の追跡調査を行っています。結果をみてみると，「知り合い」「友人」「恋人」といった関係性をすべて合わせて検討してみた場合，2年後であっても全体の75%が継続していたことがわかりました。そして，この数字はオフラインでの人間関係と比べても，かなり安定したものであることを示しています。インターネットというメディアは，対面と比べてみると非言語的情報などの少ないメディアでありますが，時間をかけて他者とコミュニケーションの回数を重ねていくことでそのような情報の少なさを克服し（Walther & Burgoon, 1992），他者との人間関係を確立することができるのかもしれません。

3 インターネット上で相手のパーソナリティは理解できるのか？

これまで述べてきましたように，インターネットは他者との関係を形成する場として機能していることがうかがえます。他者との関係をより深めていくためには，その他者をより深く理解していくことが必要となります。とくに相手のパーソナリティを理解することは，かなり深い理解であると思われます。ここでは，チャットなどと違い同期性の低いウェブサイトを取り上げ，パーソナリティ理解との関連をみていきたいと思います。

個人のウェブサイトを閲覧した際に,そのウェブサイトの作者のパーソナリティを推定してもらい,作者自身が行ったパーソナリティ評価と比較するという調査が行われました(Vazire & Gosling, 2004)。この調査で検討された問いは,以下の3点でした:①「個人のウェブサイトは首尾一貫した,解釈可能なメッセージを観察者に提供しているのか?」②「個人のウェブサイトによって伝達されるメッセージは正確なものなのか?」③「個人ウェブサイトによって伝達されるメッセージは過度にポジティブなものになっているのか?」。③の問いは,ウェブサイトの作者の実際の姿というよりもむしろ作者が他者に示したい理想像を,そのウェブサイトを閲覧した人が色濃く受け取っているという可能性を検討するためのものです。この研究においてパーソナリティの測定は,パーソナリティの5因子モデル(パーソナリティ特性は5つの因子から構成されるという考え方)をもとに,外向性(Extraversion),調和性(Agreeableness),誠実性(Conscientiousness),情緒安定性(Emotional Stability),開放性(Openness to Experience)の5つの次元から,観察者,ウェブサイトの作者,その作者をよく知る情報提供者の3者に評定を行ってもらいました。評定するウェブサイトはインターネット上で抽出されたウェブサイトのなかで,ウェブサイトの作者がパーソナリティの自己評定を行った89のウェブサイトを対象としました。

結果を前述の問いにしたがってみていきますと,①の問いについては,観察者間の合意の度合いを検討したところ,統計的に有意な程度の合意が得られました。5つの次元ごとにみてみると,外向性と開放性といった次元において観察者間の合意が高くみられました。次に,②の問いについて検討したところ,5つの次元全体の平均では,r=.42 という統計的に有意な相関係数が得られました。これについても5つの次元ごとに相関係数を算出したところ,開放性について

かなり高い相関係数の値を示しており (.63), ついで, 誠実性 (.43), 外向性 (.38) といった次元において高い値を示しました。その他の次元についてもすべて統計的に有意な値となっており, 観察者によるパーソナリティの評定は, ウェブサイトの作者のパーソナリティをある程度正確に評定していると解釈することができます。③の問いについての検討の結果ですが, 外向性と調和性については, 作者の理想とする自己の姿を観察者が強く受け取っている可能性が示されました。しかしながら, 現実の姿（作者自身の評定）と理想の姿（作者の理想の評定）のどちらとの間に観察者評定との関連が強いかという点でみてみると, 作者の現実のパーソナリティとの関連の方がより強いという結果も同時に示しています。これらの結果をまとめると, 個人のウェブサイトを見た人は, ある程度一貫して（つまり, どの人が見ても大体同じように), そして作者自身のパーソナリティをある程度正確に理解することができるようです。このような個人のウェブサイトからのパーソナリティの理解は, より大きなサンプルサイズで, しかも異なる言語圏での研究においても類似した結果が得られています（Marcus et al., 2006)。この研究でもとくに開放性や外向性といった特性に関して, 観察者とウェブサイトの作者の自己評定の間に有意な相関がみられました。

　ここまで紹介してきました個人のウェブサイトについての研究から, 個人ウェブサイトを作成し, それを閲覧するという一種のコミュニケーションにおいても, パーソナリティについての情報の伝達および理解という営みがなされていることがわかるかと思います。

4 インターネット利用における個人差

[1] 個人のウェブサイトを作る人はどんな人？

　インターネットというメディアには他のメディアに比べていくつ

かの特徴的な側面がありますが、インターネットの利用者には何か特徴があるのでしょうか。もちろんインターネットは環境さえ整えば誰でも利用することが可能でありますが、積極的に利用する人、あまりしない人というように人によって利用の仕方の違いがあるかもしれません。この節では、このようなインターネットの利用における個人差について述べたいと思います。

　まず、先ほども出てきましたマーカスら（2006）の研究において、個人のウェブサイトを作っている人のパーソナリティについて、一般の人と比較してみるという試みをしています。どのような予測のもとに比較をしたかというと、個人ウェブサイトの作者は、①自己愛の傾向が高く、②（特に社会的な側面の）自尊感情が低く、③セルフモニタリング傾向が高い（高セルフモニターと呼びます）というものでした。②については、対面でのコミュニケーションを苦手としている（苦手と思っている）ということがウェブサイトを作るきっかけになるということが考えられます。③の高セルフモニターの人は、異なる文脈や相手とのコミュニケーションにおいて、その違いをすばやく認識し、それに自分のイメージを合わせて柔軟に対応する人です。これらの予測は必ずしも厳密な一貫した理論から抽出された予測ではなく、さまざまな観点から寄せ集めたものですが、一般の人がもつインターネットの積極的な利用者像とつながるところがあるかもしれません。個人ウェブサイトの作者についてパーソナリティ特性の5次元と自己愛、自尊感情、セルフモニタリングの測定を行い、一般のサンプル（ただし、個人ウェブサイトの作者が含まれている可能性もあります）の得点と比較を行ったところ、次のような人物像が浮かび上がりました。個人ウェブサイトの作者は、「比較的解放性の傾向が高く、少し内向的である。他者との関わりに不快を感じ、自分の身体的な魅力に懸念を抱いているが、仕事や学術的なスキル、成績には自信をもっている」人である（Marcus et al.,

2006, p.1026)。そして、先ほどあげた予測にありましたように、相対的に見て自己愛傾向が高いといったことや高セルフモニターであるという結果はとくに得られませんでした。さらにいってしまえば、結果として得られた人物像は、それほど極端なものではない（一般のサンプルと比べて大きな差ではない）ということもわかりました。

[2] 対人不安傾向とインターネット利用の関係

マーカスら（2006）の研究の予測②にもありましたが、インターネットを積極的に利用する人の人物像には、オフラインでの人間関係に困難を抱えている人であるという見解が一般的に存在するかもしれません。そして人間関係に困難を抱える傾向のある人へのインターネットの有益性については理論的にも示されています（たとえば、McKenna & Bargh, 2000）。ここでは、対面における人間関係に困難を抱える可能性のあるパーソナリティ特性として、**対人不安傾向及びシャイネス**（感情的側面の対人不安と行動的側面の行動抑制の合わさった症候群）というパーソナリティ特性を取り上げ、インターネット利用との関係をみていきたいと思います。

対人不安は、「現実の、あるいは想像上の対人場面において、他者からの評価に直面したり、もしくはそれを予測したりすることから生じる不安状態」と定義されています（Schlenker & Leary, 1982）。このネガティブな感情の生起は主に自己呈示の部分に困難を抱えていることが原因と考えられています。オフラインでの対人場面を考えた際に、他者の目が気になる、どのように振舞ったら良いのかわからないという状態は対人不安を強く喚起します。そして多くの対人場面でこのような状態になり、対人不安が強く喚起されてしまう人は、対人不安傾向が高いと分類されます。対人不安傾向の高い人は、そのネガティブな感情の高さにより、対人場面で行動が抑制されてしまう、親密な他者との関係が築きづらいといった他者との関

係における阻害要因となるという研究結果が多くあります（たとえば，La Greca & Lopez, 1998 ; Leary & Kowalski, 1995）。

　このような対人不安（あるいはパーソナリティ特性としての対人不安傾向）とインターネットというメディアはどのような関わりが考えられるでしょうか。インターネットのメディアの特徴としてあげたなかに，匿名性，自己呈示のしやすさといったものがありました。匿名（特に**視覚的匿名**）状態は自分の身体的魅力に懸念があったりしても気にせずにすみます。また，対面場面などでは自己呈示をうまく行うことに懸念を抱えている人も，文字でのコミュニケーションが主であるインターネットであれば，効果的，戦略的に自己呈示を行うことが比較的容易であることが予想されます。また，対人不安傾向の高い人は他者からどのように見られているかという部分に強く意識が向きがちですが（**公的自覚状態**），インターネットにおいてコミュニケーションを行う際は，そのような公的自覚状態は低まり，むしろ自分自身の考えなどに目が向く**私的自覚状態**が高まるという知見もあります（Matheson & Zanna, 1988）。これらの特徴は，対人不安傾向の高い人にとって，インターネット上で他者と関わる際にあまり高い不安を感じずにすむようになりそうです。

　実際に，このようなメディアの効果は研究で示されています。西村（2005）の研究によると，インターネットのようなオンラインでのコミュニケーションを行った際の不安状態などを対面と比較した場合に，対人不安傾向の高い人もオンラインでのコミュニケーションの方が不安は低く，他者から感じる圧力もあまり感じずにコミュニケーションできるという結果が得られました。ただし，このようなメディアの効果は対人不安傾向の低い人にもみられ，全体的な傾向でした。また，オンラインでのコミュニケーションを非言語的手がかりの少なさから話しやすいと感じることが杉谷（2007）の研究において示されており，その話しやすさには自己呈示の行いやすさ

が影響を与えているというプロセスがあることもわかりました。

これらの理論的な予測や研究結果からすると、対人不安傾向の高い人はインターネットをかなり積極的に利用している（利用量が多いなど）ことが予想されます。また、一般的に捉えられているインターネットのヘビーユーザーの人物像も、オフライン場面において対人不安などにより他者との関係に困難を抱えているために、インターネット上で人間関係を積極的に形成しようとしているという像が描かれているように感じられます。

では、実際のところ対人不安傾向の高い人（あるいはシャイな人）のインターネットの利用状況、利用動機などはどのようになっているのでしょうか。これについてはいくつかの研究があります。結論からいってしまうと、それらの研究の多くにおいては、インターネットの利用量や利用動機（特に人間関係を形成するための動機）において、対人不安傾向の高い人と低い人の間にほとんど差はみられず（Chak & Leung, 2004 ; Mandell & Muncer, 2006 ; 西村, 2003）、対人不安傾向からインターネット上で形成した友人の数への因果的影響もみられていません（Ando et al., 2008）。また、関連がみられたとしてもその関連の度合いはあまり高いものではないようです（Birnie & Horvath, 2002 ; Scealy et al., 2002 ; Shepherd & Edelmann, 2005）。このような結果は理論的な予測と異なる結果ではありますが[3]、その理由として、対人不安傾向以外のパーソナリティ特性や他の心理変数などの関与、そして「インターネット利用」というもの自体をどのように捉えるかという問題が関わっていると考えられます。とくに後者については、インターネットにはさまざ

---

3 ただし、インターネット利用を直接増大させる要因ではなく、インターネット上での「本当の自己」の表出を増大させ、それが結果としてインターネットの利用に影響を与えるというような間接的な要因として対人不安傾向を位置づけた研究はあります。(McKenna et al., 2002 ; Sheeks & Birchmeier, 2007)。

まな利用環境や利用者のグループがあることから，それぞれを詳細に見ていくことで，対人不安傾向とその利用との関連が見出される可能性もあります。この点についてはさらなる検討が必要です。

[3] インターネット依存と孤独感，対人不安

　一般的な利用状況に関して，研究結果は必ずしも予測を支持していません。しかし，より問題のあるインターネット利用ではどうでしょうか。インターネット利用における問題として，インターネットを過度に利用しすぎてオフラインでの生活に支障が出てしまうといった問題があります。さらに極端な例をあげてみれば，韓国や中国においてオンラインゲームを長時間にわたり継続して行ったとされる男性が死亡したという事故の報告まであります。このような問題は，一般に**インターネット依存**あるいは**インターネット中毒**と呼んだ方がなじみが良いかもしれません。このような現象については，1990年代より問題として認識され，研究も多数行われてきました。どのような状態をインターネット依存と判断するかということに関して，たとえば，ヤング（1998a）は8つの基準を示し，5つ以上該当する場合は「インターネット依存」と判定することを提案しました。8つの基準は表3-1に示したとおりです。また，ヤング（1998b）においてはインターネット依存の具体的な事例が豊富に示され，その対策が提案されています。

　このようにインターネット依存に関する研究が行われ，また，マスコミにおいてこのような症状に対する利用者への警告を目にすることもあります。しかし，インターネット依存という概念は定義が難しいうえ，批判も多いのも事実です。その問題点として「インターネット」というメディア自体へ過度な責任を帰していること，概念規定・範囲のあいまいさが存在することなどがあげられています（Morahan-Martin, 2007 ; Yellowlees & Marks, 2007）。ここではそ

表 3-1 ヤングによるインターネット依存の基準 (小林, 1998)

項　目
1　インターネットに夢中になっている
2　ある程度の接続時間がないと満足できない
3　ネットへの接続をやめる（時間を減らす）のを失敗したことがある
4　接続を切断するときに憂うつな気持ちになる
5　ついつい予定より長く接続してしまう
6　インターネットのせいで，仕事や学校を休んだことがある
7　家族やセラピスト，その他の親しい人間に，どの程度ネットに接続しているか正直に答えられなかったことがある。
8　日常生活でイヤなことがあるとネットに接続してそれを解消する

の概念の是非については議論しませんが，「インターネット依存」という言葉だけが独り歩きしないように注意する必要がありそうです。

インターネット依存に関わりのあるパーソナリティ変数として，対人不安とともに孤独感があげられることも少なくありません（たとえば，Caplan, 2002 ; Morahan-Martin, 2007）。対人不安傾向の高い人にとって，インターネットの有益となりえる特徴は先にあげたとおりですが，インターネットのもつ特徴は孤独感の高い人にも有益に作用することが予測されます。たとえば，自分と類似した他者をみつけやすく，急速に関係を発展させる作用をもつといった特徴があげられると思います。孤独感は自分がもつ他者との関わりの願望水準に現実の他者との関わり（達成水準）が満たない場合に生じるとされていますが（Perlman & Peplau, 1981），オフライン場面でそのような状態にありなかなか抜け出せないときに（慢性的に孤独感が高い），インターネットは他者との関係を築き，自分の望む他者との関わりの願望水準を満たすことができる場となりえるかもしれません。これは一方でポジティブな結果とも取れます。しかし他方では，そのようなインターネットのメディアとしての特徴が，孤独

感や対人不安傾向の高い人にとっての強い魅力となりすぎてしまい，インターネット依存によるネガティブな結果へとつながってしまうというプロセスが描かれているわけです（たとえば，Caplan, 2002, 2003, 2007）。実際，孤独感とインターネット利用との間の関係を検討した研究によると，孤独感の高い人は低い人に比べてインターネットを積極的に社会的な利用をしていることが示されていますが，同時に，インターネットを利用することによる癒しの効果を強く感じたり，インターネットから離れられないという状態になりやすいことが示されています（Morahan-Martin & Schumacher, 2003）。

これらのパーソナリティ変数とインターネット依存との関わりについての検討の結果，インターネット依存，あるいは問題のあるインターネット利用との間に有意に関連がみられました（Caplan, 2002 ; Chak & Leung, 2004）。そしてさらに，インターネット依存のようなネガティブな結果と孤独感や対人不安傾向との関連の間に**オンラインでの社会的相互作用への優先傾向**（preference for online social interaction）という要因を入れたモデルも提案されています（Caplan, 2003）。図 3-4 にこのモデルを示してあります。「オンラインでの社会的相互作用への優先傾向」という変数は，対面でのコミュニケーションよりもインターネットでのコミュニケーションをより良い，そしてよりコントロールしやすいとする知覚からなるものです。このようなインターネットがもつメディアの特徴から，コミュニケーション・メディアとしてインターネットに偏った認知をもつことが，問題となるようなインターネットの利用パターンを生み

| 孤独感
対人不安傾向 | ⇒ | オンラインでの
社会的相互作用
への優先傾向 | ⇒ | インターネット依存
(≒問題となるインターネット利用による
ネガティブな結果) |

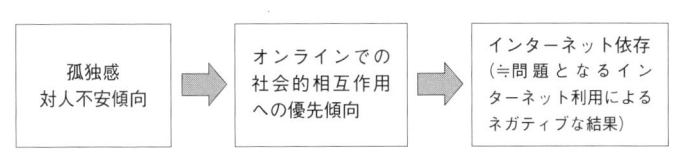

図 3-4　孤独感・対人不安傾向からインターネット依存へとつながる Caplan のモデル

出し，ネガティブな結果へとつながるということが予測されています。まずキャプラン（2003）では孤独感がこのようなプロセスを経てインターネット依存につながることを実際のデータから明らかにしました。また，同様に対人不安傾向を取り上げた場合の結果も予測を支持するものであり，オンラインでの社会的相互作用への優先傾向をモデルに取り入れることの有効性を示しています（Caplan, 2007）。

　このように，対人不安傾向や孤独感といったパーソナリティ特性は，インターネット依存へつながるリスク因子として認識され，研究結果でもその影響が明らかにされています。しかしながら，前に示しましたとおり，インターネットの利用量や利用動機，インターネット上で形成された他者との関係の状況などについてはあまりその影響がみられていません。インターネット依存について問題となりうるのは，過度にインターネットを利用することだけではなく，強迫的に利用してしまうといった他の要因との組み合わせがネガティブな結果と結びつくという主張があります（Caplan & High, 2006 ; Davis, 2001）。つまり，インターネット依存においてインターネットの利用量といったものは一側面でしかありません。そうであるならば，これまでの示してきたパーソナリティ変数とインターネット利用との関係，そしてインターネット依存との関係についての研究結果は矛盾するものではないと考えられます。

　ここまでの話をまとめますと，インターネットというメディアが対人不安傾向の高い人や孤独感の高い人にとって利益となる特徴をもっていることは間違いありません。しかし，対人不安傾向や孤独感が高ければ即インターネットを積極的に利用する，あるいは問題のある利用をしてしまうということにつながるという単純な図式とはならないということがこれまで示してきた研究結果から理解できるかと思います。

5 インターネットを利用することによる利用者への影響

[1] 対人不安・孤独感への影響

　ここまではインターネット利用におけるパーソナリティ特性の影響についてみてきましたが、インターネットを利用することは利用者自身にどのような影響を与えるのでしょうか。インターネットには他者との関係形成を促進するような特徴がありますが、インターネット利用を行うことで、オフライン場面における人間関係における困難、およびその困難と関わるパーソナリティ特性に影響を与える可能性が考えられます。

　まずは対人不安傾向（あるいはシャイネス）に対するインターネット利用の影響をみていきたいと思います。安藤ら（Ando et al., 2008）は、縦断的調査を行いインターネット上の友人数と対人不安傾向との因果関係についての検討を行いました。その際、回答者が自分自身の身体的な魅力について行った評価に基づいて、身体的な魅力が高い群と低い群の二つに分けて分析を行いました。このような分析を行ったのは、インターネットがもつ視覚的情報の少なさという特徴が与える影響を検討するためです。つまり、オフライン場面で自分の身体的魅力に懸念を抱いている人にとって、インターネット上ではそのようなことを気にすることなく人間関係を形成することができるという可能性が考えられます。そして、そのような状況で他者と関わる経験を重ねるなかで、身体的魅力に懸念のない人に比べ対人不安傾向が顕著に低減していくことが予測されるわけです。

　分析の結果、インターネット上の友人数が多いことが対人不安傾向を低めるという影響がみられました。インターネット上の友人は同性であっても異性であっても同様の効果がみられています。また、

その他にも，インターネットの利用を始めたばかりの人が，インターネット上で他者と関わることで，半年後にはシャイネスに低減が見られたという調査結果（Roberts et al., 2000）やインターネット上における友人がまだいない利用者が未知の他者と知り合うような行為をすることにより，シャイネスを低減させるという効果も得られています（西村, 2007）。インターネットのMUD（オンラインゲームの一種）において，社交的に振舞ってもらうことで，シャイな人のオフラインでの対人行動にポジティブな影響がみられ，インターネットが社会的訓練の場として有効であること，つまりオンライン上での他者との関わりを行わせることがオフラインの対人行動まで波及することを示した研究もあります（坂元ほか, 2000）。この研究結果からみても，インターネット利用による対人不安傾向の低減効果は，インターネットのメディア特徴が提供する比較的リスクの少ない環境のなかで他者と関わるという経験によるものと考えられます。ただし，もちろんインターネット利用の対人不安への低減効果は万能というわけではありません。とくに障害レベルの対人不安（社交不安障害と呼ばれます）を抱える人の場合，インターネット利用がその障害自体に悪影響を与え，治療的な面でもネガティブに作用してしまう可能性を示唆した知見（Erwin et al., 2004）があるということも指摘しておきます。

次にインターネット利用による孤独感への影響についてみていきたいと思います。孤独感などの精神的健康に与えるインターネット利用についての研究としては，前の節であげたクラウトら（1998）のHomeNet研究があります。この研究では，インターネット利用により，身近な人間関係とともに孤独感，そして抑うつといった精神的健康の指標においても悪化がみられたという結果が得られました。そして，安藤ほか（2001, 2003）の大学生を対象にした縦断的調査からは，Eメールを使用するほどに孤独感がより高まるという

結果も得られています。また，ネガティブな影響ではありませんが，五十嵐（2002）においては，インターネットにおける人間関係は孤独感の低減に寄与しないという結果が得られています。クラウトら（2002）の研究では，孤独感についてインターネット利用の主効果はみられなかったものの，「富者がさらに富む」という仮説を支持し，インターネット利用と外向性の間の交互作用が統計的に有意となりました。つまり，外向的な人はインターネット利用をすることで孤独感が減少を示しましたが，内向的な人はインターネットの利用により孤独感が高まるという結果が得られたのです。

　これまでの研究結果はインターネット利用による孤独感への影響があまりポジティブなものではないことを示していますが，ポジティブな影響がみられた研究もあります。安藤ほか（2005）の中学生を対象にした縦断的調査の結果では，Ｅメールの使用が多いほど孤独感を低減させるという効果が得られています。そして，安藤ら（2008）の研究でも身体的魅力の自己評価が低い人において，インターネット上の友人の数（特に異性の友人）が多いほど友人関係における孤独感が低減するという結果が示されました。ただし，家族関係における孤独感についてはインターネット上の友人の数（特に異性の友人）が増えるほど，上昇するという結果も得られています。

　孤独感へのポジティブな影響については，志村（2005）においても示されています。「リネージュ」というオンラインゲームの利用者（日本，および韓国）を対象とした調査において，オフライン・オンラインの対人ネットワークの大きさ（人数）および満足度の孤独感への影響について検討が行われました。その結果，オフラインの他人ネットワークはその大きさ，満足度ともに孤独感を低下させており，日本においてはオンラインの対人ネットワークの満足度も孤独感に対して負の影響を与えることがわかりました。そして，日本よりインターネット利用およびオンラインコミュニケーションが

浸透していると思われる韓国においては、オンラインのネットワークのサイズ、満足度の両方が孤独感に対して負の影響を示していました。さらに因果関係をより明確にするため、日本において縦断的な調査が行われましたが、その結果においても微弱ながらオンラインのネットワークの満足度が孤独感を低減させるような影響が示されました。

インターネット利用と孤独感の関係について、安藤ら（2008）の研究において興味深い結果が得られています。それは、インターネット利用と孤独感との間にらせん状の関係が形成される可能性が示されたことです。これまでみてきたインターネット利用が与える孤独感への影響とは逆に、孤独感が高いことがインターネット上の友人の数（特に同性の友人）を増やすという影響もみられました。これは孤独を感じることでインターネットの利用が多くなり、それがインターネット上の友人の増加へとつながり、その結果として孤独感が低まるというポジティブなループを示唆するものと考えられます。ただし、家族関係における孤独感の結果からは、孤独を感じることでインターネットが利用され、そこからオンラインでの異性の友人を増やすことにつながり、それが結果として家族関係における孤独感をさらに高めるというネガティブなループを描いてしまう可能性も同時に示されました。

インターネット利用が孤独感に与える影響については、ネガティブな影響、ポジティブな影響の両方の結果が得られています。これらの結果をまとめてみると、インターネットを利用することが、ポジティブな影響・ネガティブな影響という一方のみを結論として述べることは難しい状況です。孤独感が他者との関係における願望水準と実際の水準の差から生じるとすると、インターネットの利用の量（とくに他者と関わるための利用）やインターネット上の友人の数を尋ねられたときに、回答者がどの程度の親密な友人を想定して

表3-2 インターネット利用による対人不安・孤独感への影響についての研究のまとめ

対人不安	孤独感
◯	△
総じてインターネット利用により対人不安・シャイネスを低減する効果が見られた。 Ando et al. (2008) 西村 (2007) Roberts et al. (1998) 坂元・磯貝・木村・塚本・春日・坂元 (2000) ただし,障害レベルの場合は「×」の可能性もある (Erwin et al., 2004)。	研究により異なる結果が得られており,より詳細な検討が求められる。 ×悪化させる:安藤ら (2001, 2003) 　　　　　　Kraut et al. (2002)[1] ◯低減させる:安藤ら (2005) 　　　　　　Ando et al. (2008)[2] 　　　　　　志村 (2005) △効果がない:五十嵐 (2002)

1) 内向的な人の場合. 2) ただし,家族関係における孤独感は×

いるかということは結果に影響する要因となるかもしれません。いずれにせよ今後さらなる検討が求められる課題であります。

最後に,ここまで述べてきました対人不安・孤独感へのインターネット利用の影響についての研究を表3-2にまとめました。これらを踏まえ,今後も研究の積み重ねが行われることが期待されます。

[2] インターネット・セラピー

インターネットを利用することによる利用者への影響として,よりポジティブな効果を期待されるものもあります。それは心に困難を抱えた人がインターネットをセラピーの場として利用したり(インターネット・セラピーと呼びます),同じ困難を抱える人達からサポートを得る場として活用することなどです。インターネットは匿名性や地理的,時間的制約を受けないというオフラインにはない特性を有しており,これらの特性を積極的に生かすことにより,より効果的な援助がなされることが期待されています。しかし,逆に

そのような特性をうまく理解して利用しないと，かえってネガティブな結果をもたらしてしまう可能性も確かに指摘されています。

それでは，インターネットをセラピーに利用することは実際にどのくらいの効果があるのでしょうか。この点についてバラックら (Barak, et. al., 2008) は 2006 年までに行われた研究をまとめ，メタ分析という分析手法によりその効果について検討しています。その結果，インターネット・セラピーの効果は全体的にみて中程度の効果（専門的に言いますと効果量が 0.53）があるということがわかりました。これはオフラインでの通常のセラピーの効果と比べても遜色がないという結果です。ただし，どのようなセラピーの手法，クライアントが抱える問題であっても良いというわけではなく，症状などにより得手不得手があるということもわかりました。また，クライアントの年齢によって効果に違いがあるという結果も得られています。このように，インターネット・セラピーは一定の効果が期待できるようですが，インターネットの特性を理解しより効果的に実践する必要があります。なお，インターネットの臨床分野での活用については，坂元（2002）や田村（2003）において具体的に紹介されているのでご参照ください。

6 おわりに

本章ではインターネット，パーソナリティともに主に社会的側面の特徴・特性について焦点を当て，その関係についてみてきました。最後にインターネットと利用者の相互の影響関係についてさらに考えていく上で注意すべき点について考えたいと思います。一つは，インターネットの利用者側の要因を，そしてインターネット利用の影響をより多様な側面から捉える必要性があるということです。インターネットをどのように利用するかという点については，パー

ソナリティ特性以外にも動機や欲求，態度など多様に存在し（たとえば，Joinson, 2003），それらを考慮せず過度にステレオタイプ的な理解をすることは，インターネットにおいて起こっていることへの理解の阻害につながると思われます。また，インターネットの利用が利用者およびその人間関係に与える影響についても，ネガティブな影響にしろ，ポジティブな影響にしろ，はっきりとした結論は出ていません。少なくとも「インターネット利用」と大きく捉えた場合には，多くの研究結果を取りまとめたメタ分析という手法を用いた研究により，その影響は「見られない」という結論が導かれています（Shklovski et al., 2006）。そしてその結果を受けて，インターネットによりコミュニケーションを行う利用者とそのコミュニケーションの相手がどのような人であるのか，そしてどのような利用をしているのかといった点についてより詳細な検討を行う必要性が述べられています。

　もう一点として，オンラインでのコミュニケーションやコミュニティをオフラインの世界とは過度に異質なものとして，あるいは2分法的に捉えることはインターネットの影響についての誤った認識につながりかねないということがあります。オンラインの世界はいくつか他にはない特徴があるのは事実ですが，オフラインの世界とはまったく別の世界というわけでもありません。当然連続性のあるものと考えられます。実際，インターネットは既存の（オフラインで形成された）人間関係を保持するために利用されています（Gross et al., 2002 ; Pew Internet and American Life Project, 2000）。また，インターネット上で出会い形成された他者との関係は常にインターネット上にのみとどまるわけではなく，その他のメディア，そして対面によるコミュニケーションへと展開されるという知見もあります（McKenna et al., 2002 ; Parks & Roberts, 1998 ; 志村, 2005）。これらのことからすると，シクロフスキーら（Shklovski et al., 2006）

の述べるように，オフラインとオンラインでのつながりのあるもの（安定したもの）とインターネットにより変化するものとの見極めをしていくことが必要になると思われます。そしてこれはパーソナリティとインターネットとの関係を考える上でも必要な視点であると考えます。

インターネットの利用者へのポジティブな影響，ネガティブな影響について述べてきましたが，インターネットには必ずしも定まった形があるわけではなく，今後も技術の進歩とともにいろいろな形に変化をしていく可能性があると思われます。技術の進歩は速く，その利用者への影響といったことに関しての検討はどうしても後手に回ってしまうところがあります。しかしながら，そのような技術に対して「利用者（パーソナリティなどさまざまな要因を含めた総体として）」がどのように使用し，どのような影響を受けるのかという点を丹念に検討していくことは大切なことだと思います。そして，その中で私たちにとってより有効なシステム作りの提案がなされ，実現されていくことが望まれます。

引用文献

Altman, I., & Taylor, D. A. (1973). *Social penetration*. New York: Holt, Rinehart & Winston.

Ando, R., & Sakamoto, A. (2008). The effect of cyber-friends on loneliness and social anxiety: Differences between high and low self-evaluated physical attractiveness groups. *Computers in Human Behavior*, **24**, 993-1009.

安藤玲子・高比良美詠子・坂元　章 (2005). インターネット使用が中学生の孤独感・ソーシャルサポートに与える影響　パーソナリティ研究, **14**, 69-79.

安藤玲子・坂元　章・鈴木佳苗・森津太子 (2001). インターネット利用と幸福感との因果関係―孤独感と対人不安の媒介効果　日本性格心理学会第10回大会発表論文集, 48-49.

安藤玲子・坂元　章・鈴木佳苗・森津太子 (2003). コミュニケーション

メディアと孤独感・対人不安　日本心理学会第 67 回大会発表論文集, 207.
Bargh, J. A., & McKenna, K. Y. A. (2004). The Internet and social life. *Annual Review of Psychology*, **55**, 573-590.
Bargh, J., McKenna, K. Y. A., & Fitzsimons, G. (2002). Can you see the real me? Activation and expression of the "true self" on the internet. *Journal of Social Issue*, **58**, 33-48.
Barak, A., Hen, L., Boniel-Nissim, N., & Shapira, N. (2008). A comprehensive review and a meta-analysis of the effectiveness of Internet-based psychotherapeutic interventions. *Journal of Technology in Human Services*, **26**, 109-160.
Birnie, S. A., & Horvath, P. (2002). Psychological predictors of internet social communication. *Journal of Computer-Mediated Communication*, **7**. <http://jcmc.indiana.edu/vol7/issue4/horvath.html> (2008 年 5 月 1 日)
Caplan, S. E. (2002). Problematic Internet use and psychosocial well-being: Development of a theory-based cognitive-behavioral measurement instrument. *Computer in Human Behavior*, **18**, 553-575.
Caplan, S. E. (2003). Preference for online social interaction. A theory of problematic Internet use and psychosocial well-being. *Communication Research*, **30**, 635-648.
Caplan, S. E. (2007). Relation among loneliness, social anxiety, and problematic Internet use. *CyberPsychology & Behavior*, **10**, 234-242.
Caplan, S. E., & High, A. C. (2006). Beyond excessive use: The interaction between cognitive and behavioral symptoms of problematic Internet use. *Communication Research Reports*, **23**, 265-271.
Cummings, J. N., Bulter, B., & Kraut, R. (2002). The quality of online social relationships. *Communications of the ACM*, **45**, 103-108.
Chak, K., & Leung, L. (2004). Shyness and locus of control as predictors of Internet addiction and Internet use. *CyberPsychology & Behavior*, **7**, 559-570.
Davis, R. A. (2001). A cognitive-behavioral model of pathological Internet use. *Computers in Human Behavior*, **17**, 187-195.
Erwin, B. A., Turk, C. L., Heimberg, R. G., Fresco, D. M., & Hantula, D. A. (2004). The Internet: Home to a sever population of individuals with social anxiety disorder? *Anxiety Disorders*, **18**, 629-646.
Gross, E. F., Juvonen, J., & Gable, S. L. (2002). Internet use and well-being in adolescence. *Journal of Social Issues*, **58**, 75-90.

五十嵐 祐 (2002). CMC の社会的ネットワークを介した社会的スキルと孤独感との関連性 社会心理学研究, **17**, 97-108.

Joinson, A. N. (2001). Self-disclosure in computer- mediated communication: The role of self- awareness and visual anonymity. *European Journal of Social Psychology*, **31**, 177-192.

小林久美子 (1998). インターネット中毒とその諸相 NEW 教育とコンピュータ, **14**, 96-97.

Kraut, R., Kiesler, S., Boneva, B., Cummings, J., Helgeson, V., & Grawford, A. (2002). Internet paradox revisited. *Journal of Social Issues*, **58**, 49-74.

Kraut, R., Patterson, M., Lundmark, V., Kiesler, S., Mukophadhyay, T., & Scherlis, W. (1998). Internet paradox. A social technology that reduces social involvement and psychological well-being? *American Psychologist*, **52**, 1017-1031.

La Greca, A. M., & Lopez, N. (1998). Social anxiety among adolescents: Linkages with peer relations and friendships. *Journal of Abnormal Child Psychology*, **26**, 83-94.

Leary, M. R., & Kowalski, R. M. (1995). *Social anxiety*. New York: Guilford.

Mandell, D., & Muncer, S. (2006). Internet communication: An activity that appeals to shy and socially phobic people? *CyberPsychology & Behavior*, **9**, 618-622.

Marcus, B., & Machilek, F., & Schutz, A. (2006). Personality in cyberspace: Personal web sites as media for personality expressions and impressions. *Journal of Personality and Social Psychology*, **90**, 1014-1031.

Matheson, K., & Zanna M. P. (1988). The impact of computer-mediated communication on self-awareness. *Computers in Human Behavior*, **4**, 221-233.

McKenna, K. Y. A., & Bargh, J. A. (1998). Coming out in the age of the Internet: Identity "Demarginalization" through virtual group participation. *Journal of Personality and Social Psychology*, **75**, 681-694.

McKenna, K. Y. A., & Bargh, J. A. (2000). Plan9 from cyberspace: The implications of the internet for personality and social psychology. *Personality and Social Psychology Review*, **4**, 57-75.

McKenna, K. Y. A., Green, A. S., & Gleason, M. E. (2002). Relationship formation on the internet: What's the big attraction? *Journal of Social*

Issues, **58**, 9-31.
宮田加久子 (1998). コンピュータ・コミュニケーション―個人が情報を生産・発信することの意味を再考する― マス・コミュニケーション研究, **52**, 33-48.
Morahan-Martin, J. (2007). Internet use and abuse and psychological problems. In A. N. Joinson, K. Y. A. McKenna, T. Postmes, & U. Reips (Eds.), *Oxford Handbook of Internet Psychology*. New York: Oxford University Press. pp.331-346.
Morahan-Martin, J., & Schumacher, P. (2003). Loneliness and social uses of the Internet. *Computers in Human Behavior*, **19**, 659-671.
西村洋一 (2003). 対人不安傾向,インターネット利用,およびインターネットにおける人間関係 社会心理学研究, **19**, 124-134.
西村洋一 (2005). コミュニケーション時の状態不安および不安生起に関連する要因の検討―異なるコミュニケーションメディアを用いた比較― パーソナリティ研究, **13**, 183-196.
西村洋一 (2007). インターネット利用がシャイネスと人間関係に与える影響―インターネット利用に関わる要因を含めた検討― 青山心理学研究（青山学院大学文学部心理学科紀要）, **6**, 19-31.
Parks, M. R., & Floyd, K. (1996). Making friends in cyberspace. *Journal of communication*, **46**, 80-97.
Parks, M.R., & Roberts, R. D. (1998). "Making MOOsic": The development of personal relationships online and a comparison to their off-line counterparts. *Journal of Social and Personal Relationships*, **15**, 517-537.
Perlman, D., & Peplau, L. A. (1981). Toward a social psychology of loneliness. In S. Duck & R. Gilmour (Eds.), *Personal relationships 3: Personal relationships in disorder*. London: Academic Press. pp.31-56.
The Pew Internet & American Life Projects. (2000). Tracking online life: How women use the Internet to cultivate relationships with family and friends. <http://www.pewinternet.org/> (2008年5月1日)
Roberts, L. D, Smith, L. M, & Pollock, C. M. (2000). 'U r a lot bolder on the net': Shyness and internet use. In W. R. Crozier (Ed.), *Shyness: Development, consolidation and change*. New York: Routledge Falmer. pp. 121-138.
坂元 章（編）(2002). インターネットの心理学 第2版 学文社
坂元 章・磯貝奈津子・木村文香・塚本久仁佳・春日 喬・坂元 昂 (2000). 社会性訓練ツールとしてのインターネット―女子大学生のシ

ャイネス傾向者に対する実験— 日本教育工学会論文誌, **24**, 153-160.

Schlenker, B. R., & Leary, M. R. (1982). Social anxiety and self-presentation: A conceptualization and model. *Psychological Bulletin*, **92**, 641-669.

Scealy, M., Phillips, J. G., & Stevenson, R. (2002). Shyness and anxiety as predictors of patterns of internet usage. *CyberPsychology & Behavior*, **5**, 507-515.

Sheeks, M. S., & Birchmeier, Z. P. (2007). Shyness, sociability, and the use of computer-mediated communication in relationship development. *CyberPsychology & Behavior*, **10**, 64-70.

Shepherd, R., & Edelmann, R. J. (2005) Reason for Internet use and social anxiety. *Personality & Individual Differences*, **39**, 949-958.

Shklovski, I., Kraut, R., & Rainie, L. (2004). The Internet and social participation: Contrasting cross-sectional and longitudinal analyses. *Journal of Computer Mediated Communication*, **10**. <http://jcmc.indiana.edu/vol10/issue1/shklovski_kraut.html> (2008 年 5 月 1 日)

Shklovski, I., Kiesler, S., & Kraut, R. E. (2006). The Internet and Social Interaction: A Meta-analysis and Critique of Studies, 1995-2003. In R. Kraut, M. Brynin, and S. Kiesler (Eds.), *Computers, phones, and the Internet: The social impact of information technology*. New York: Oxford University Press. pp.251-264.

志村　誠 (2005)．インターネットのコミュニケーション利用が個人にもたらす帰結　池田謙一（編）　インターネット・コミュニティと日常世界　誠信書房　pp.112-131.

総務省 (2008)．平成 21 年「通信利用動向調査」の結果（概要）　<http://www.johotsusintokei.soumu.go.jp/statistics/data/100427_1.pdf> (2010 年 4 月 27 日)

Stoll, C. (1995). *Silicon snake oil: Second thoughts on the information highway*. New York: Doubleday. (ストール, C. 倉骨　彰（訳）(1997)．インターネットはからっぽの洞窟　草思社)

杉谷陽子 (2007)．メールはなぜ「話しやすい」のか？：CMC (Computer-Mediated Communication) における自己呈示効力感の上昇　社会心理学研究, **22**, 234-244.

田村　毅 (2003)．インターネット・セラピーへの招待—心理療法の新しい世界—　新曜社

Tidwell, L. C., & Walther, J. B. (2002). Computer-mediated communication effects on disclosure, impressions, and interpersonal evaluations. Getting to know one another a bit at a time. *Human Communication Research*, **28**, 317-348.

Vazire, S., & Gosling, S. D. (2004). e-Perceptions: Personality impressions based on personal websites. *Journal of Personality and Social Psychology*, **87**, 123-132.

Walther, J. B. (1996). Computer-Mediated Communication: Impersonal, interpersonal, and hyperpersonal interaction. *Communication Research*, **23**, 3-43.

Walther, J. B., & Burgoon, J. K. (1992). Relational communication in computer-mediated interaction. *Human Communication Research*, **19**, 50-88.

Young, K. S. (1998a). Internet addiction: The emergence of a new clinical disorder. *CyberPsychology and Behavior*, **1**, 237-244.

Young, K. S. (1998b). *Caught in the Net: How to recognize the signs of Internet addiction-and a winning strategy for recovery.* New York: John Wiley & Sons. (ヤング, K. S. 小田嶋由美子（訳）(1998). インターネット中毒—まじめな警告です— 毎日新聞社)

Yellowlees, P. M., & Marks, S. (2007). Problematic Internet use or Internet addiction? *Computers in Human Behavior*, **23**, 1447-1453.

第 4 章　ケータイとパーソナリティ

赤坂瑠以

1　はじめに

　ケータイに関する研究は，国内外で数多く行われており，さまざまな側面からの検討がなされています。心理学領域でみられる研究としては，ケータイの使用の仕方に関するものや，友人関係・家族関係などの対人関係，使用者のパーソナリティ，ケータイ・PC・対面状況での比較，ケータイを用いたセラピーの研究などがあげられます。なかでも，ケータイがパーソナリティに及ぼす影響を検討することは，単にケータイを使うだけで，使用者のパーソナリティに何らかの影響が生じる可能性があるということであり，とくに重要な意味をもつものと考えられます。そこで，本章では，とくにこの点に焦点を当て，ケータイの使用とパーソナリティとの関連について扱った研究を中心にみていきたいと思います。

　まず，パーソナリティの定義から考えると，パーソナリティとは「人格」を指す，非常に広義な概念です。パーソナリティの定義は，多様であり，複雑でもありますが，代表的な定義のひとつとして，「人格とは，個人の環境に対する独自の適応を決定している複数の心理・生理系の，個人内にある力動的体制である」とするオルポート（Allport, G. W.）の定義があげられます（北村，1981）。本章においては，こうした定義に基づきつつ，そうした個人の心理的特性に留まらず，個人の行動の傾向まで含めて，ケータイとの関連に

着目し,ケータイの使用とパーソナリティとの関連を検討していきたいと思います。具体的には,3節では,自尊感情,情緒不安定性,調和性,外向性といったパーソナリティ特性をみていきたいと思います。さらに,4節では対人関係志向,5節では孤独感,6節ではCMCの比較から,対人緊張,調和性などを取り上げます。また,7節では,ケータイ依存と関連のあるパーソナリティを取り上げ,8節では,ケータイを用いてパーソナリティを変容させるケータイ・セラピーについてみていきたいと思います。なお,ケータイは,今日では,「携帯電話」として通話を目的とするだけでなく,通話機能以外の多機能を有する「ケータイ」となり,さまざまな機能が急速に普及していることを踏まえて,本章では「ケータイ」と統一して記述することとします。

2 ケータイの発展

ケータイは,今日,世界的に普及しており,日本でも,普及,発展が著しいメディアのひとつです。電気通信事業者協会(TCA)の

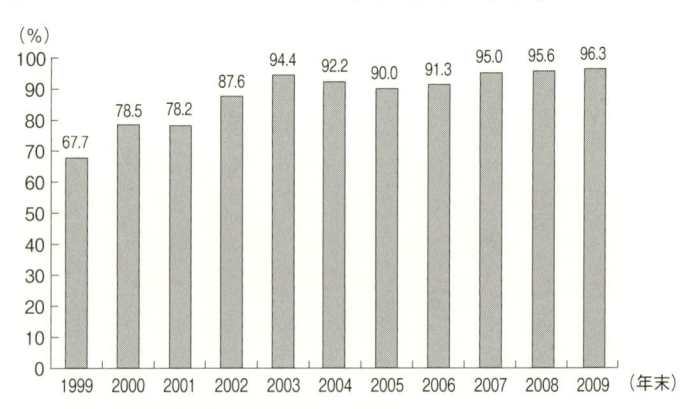

図4-1 ケータイの普及率の動向(総務省(2010)による「総務省情報通信統計データベース(通信・契約数)」を基に作成した。)

統計によれば，2007年12月末時点のケータイ契約数は1億件を突破し，固定電話の契約数をしのいでいます（図4-1）。

　日本では，携帯電話キャリアのユーザ獲得競争が激しく，技術面でも，iモードやカメラ付きケータイに代表されるように，常に世界のケータイをリードしてきました。とくに第3世代による高速情報通信サービスは，ケータイを単なるコミュニケーション・ツールから「ユビキタス」を実現する媒体へとその役割を押し上げました。このように，日本では諸外国のケータイ産業とは異なる独自の技術発展が展開されており，カメラ機能，インターネット機能，ワンセグ，おサイフ携帯など，多機能化の方向に向かっています。なかでも，インターネット機能は今日ではケータイに不可欠なものとなっています。とくに若者は，ケータイのインターネットを使用して，メールをしたり，ゲームや着メロのダウンロード，サイトやブログの閲覧・作成などを盛んに行っています。

　ケータイが世界的に普及する中で，ケータイ普及率の高い各国では，ケータイ保持の低年齢化が進んでいます。2007年の日本の調査結果では，高校生の9割以上，中学生の5割以上がケータイを保有しており，小学生でも3割近くが保有していることが報告されています（高橋，2007）。このようなケータイの保有の低年齢化に伴い，若年層を対象とした「キッズケータイ」等の子ども向けケータイ端末も多種類提供されています。キッズケータイは，GPSによって端末の現在位置を検索する機能や，フィルタリング機能等の，子どもの安全を守る機能や，Webへのアクセスを時間で制限できる機能等の，子どもの利用を考慮した機能が多く搭載されています。これらの機能は，インターネットの使用に関する機能であり，インターネット機能は，子どもにも広く使用されていますが，インターネットによる危険や問題も多いものと考えられます。

　このように，子どもへのケータイの普及が広まるなかで，ケータ

イのもたらす問題もさまざまな面から指摘されています。ケータイのもたらす問題としては，大きく分けて2つの側面があげられます。1点は，ケータイが使用者のパーソナリティや行動に悪影響を及ぼすという問題であり，2点目は，ケータイを悪用して使用することで，被害者・加害者になるという問題です。前者には，通説とされている「ケータイの使用により，人間関係が希薄化したり，パーソナリティに悪影響が及ぼされる」などの悪影響論などが含まれ，後者には，出会い系サイトや有害情報へのアクセス，携帯いじめの問題などが含まれます。そして，こうした問題は，日本だけではなく，ケータイの普及する各国で指摘されており，看過できない状況となっています。

しかし，後者については，問題であることは明らかですが，前者については新しいメディアに対する懸念から，議論が先立っており，ケータイが，本当に，使用者のパーソナリティに悪影響を及ぼすかどうかの調査や実験などで裏付けられた知見は少ないという現状があります。

そこで，本章では，ケータイの使用とパーソナリティとの関連に焦点を当てて，これまでの研究を概観したいと思います。

3 ケータイとパーソナリティ特性

ケータイの使用のなかでも，とくに，メールやインターネットの使用が，使用者のパーソナリティに悪影響をもたらすのではないかということは，しばしば議論されています。

そのひとつとして，「ケータイの使用が**自尊感情**を低下させるのではないか」という議論があります。すなわち，ケータイの使用が多いと，いつでも誰かとつながっていたいと感じるため，つながっていないと不安を感じるようになり，ケータイなしでは，自分一人

の時間を過ごすことが困難になり,自尊感情が低下するのではないかという指摘です。そこで,ケータイの使用と自尊感情との関連を検討した研究をみると,ケータイの使用と自尊感情の低さとの相関が指摘されています。たとえば,シーリーら(Scealy et al., 2002)では,ケータイの使用の中でも,ゲームなどの一人で行う活動と自尊感情の低さとの相関が認められています。また,エーレンバーグら(Ehrenberg et al., 2008)では,自尊心が低い者は,インスタント・メッセージ(メールサービスのひとつ)の使用時間が長く,インスタント・メッセージへの依存傾向が高いことが指摘されています。これらの研究からは,ケータイの使用のなかでも,ゲームやメールの使用が,自尊感情の低さと関連している可能性が考えられます。

また,ケータイの使用と**情緒不安定性**との関連も指摘されています。エーレンバーグら(2008)では,情緒不安定性の高い者は,メールの使用が多く,ケータイへの依存傾向が高いことが示されています。ブットとフィリップス(Butt & Phillips, 2008)でも,情緒不安定性が高い者は,SMS(ショートメッセージサービスの略で,メールサービスのひとつ)を多く使用する傾向が示されています。こうした結果からは,情緒不安定性が高い者は,自分で情緒を安定させることが難しく,誰かとつながっていたいという欲求が高くなり,ケータイでのメールを多く行うようになるという可能性が考えられます。ただし,これらの研究は,相関研究であり,因果関係は明らかではないため,この因果性については,今後検討される必要があると考えられます。

また,ケータイの使用と**調和性**の低さとの関連も指摘されています。調和性とは,寛大さや穏やかさをもち,他人に対して親切に接するパーソナリティのことです。フィリップスら(Phillips et al., 2006)は,調査研究を行い,ケータイの使用と調和性との関連を検討しました。ケータイの使用としては,通話量,メール量,インタ

ーネット量，ゲーム量などを測定し，調和性としては，NEO-FFI[1]の調和性12項目を測定しています。その結果，調和性の低さとゲーム量との相関が認められ，調和性が低いほど，ケータイでのゲームの使用が多いことがわかりました。これは，調和性が低い者は，人と関わるより，一人で行う活動を好むため，ゲームの使用が多いのではないかと考えられます。

また，調和性の低さと，通話やメールの使用との関連も指摘されています（Ehrenberg et al., 2008 ; Butt & Phillips, 2008）。エーレンバーグら（2008）は，大学生を対象に，ケータイの使用と調和性との関連を検討する調査研究を行っています。ケータイの使用としては，通話量，メール量を測定し，調和性としては，NEO-FFIの調和性12項目を測定しています。その結果，調和性の低さと通話量，メール量との相関が認められ，調和性が低い者は，通話やメールの使用が多いことが示されました。これは，調和性が低い者は，対面でのコミュニケーションよりも，ケータイでの通話やメールでのコミュニケーションのほうが行いやすいためではないかと考えられます。

一方，ケータイの使用がポジティブな影響を及ぼす可能性として，ケータイの使用と外向性との関連も指摘されています。外向性とは，対人関係に対して積極的であり，高い社会性をもつパーソナリティのことです。ケータイの使用のなかでも，とくにメールの使用と外向性の高さとの相関は，多くの研究から指摘されています（たとえば，Karahoca et al., 2006 ; Ehrenberg et al., 2008 ; Butt & Phillips, 2008）。たとえば，カラホカら（2006），エーレンバーグら（2008）の調査研究では，外向性の高い者は，メール量が多いことが指摘さ

---

1 NEO-FFIは人格特性の5つの主要な次元を測るための尺度である。60項目の質問から成り，5つの次元としては，神経症傾向（Neuroticism；N），外向性（Extraversion；E），開放性（Openness；O），調和性（Agreeableness；A），誠実性（Conscientiousness；C）である。

```
  自尊感情 ----.
  情緒的不安定性 ----. 携帯電話
  調和性 ----'
  外向性 ----'
```

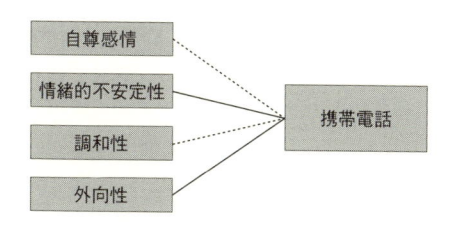

注：実線は正の効果，点線は負の効果を示す。

図 4-2 ケータイの使用と関連のあるパーソナリティ特性

れています。また，ブットとフィリップス（2008）では，ケータイの使用全般の特徴と外向性との関連を検討した結果，外向性の高い者は，ケータイの使用時間が長く，とくに通話やメールを多く行い，着信音，待ち受け画像を頻繁に変え，ケータイから刺激を受けることを好む傾向が示されています。また，日本で行われた調査研究では，ケータイのメールの使用と社交性の高さとの相関が認められています（たとえば，岡田ほか，2000；松田，2001）。これらの研究を踏まえると，外向性の高い者は，対人関係に積極的であり，ケータイの使用においても，通話やメールの使用を多く行うのではないかと考えられます。

このように，これまでの研究では，ケータイの使用と自尊感情，情緒不安定性，調和性，外向性などとの関連が検討されており，ケータイの使用とこれらのパーソナリティ特性との関連があるのではないかと考えられます（図 4-2）。

4 ケータイと対人関係志向

ケータイの使用が，対人関係志向に影響を及ぼしているという指摘は，しばしばみられます。対人関係志向とは，対人関係に対する意識や態度のことをいいます。たとえば，山下（2001）では，ケータ

イが若者にも爆発的に普及しはじめた1990年代後期頃，携帯メールに熱中する若者が街頭などで多くみられるようになり，そのような若者は，対面コミュニケーションを行う機会や意欲が減少し，現実社会の他者とのつきあいが希薄化したり，人と触れ合うことで発達していく社会性の発達が妨げられるのではないかと論じられています。しかし，実証研究からは，こうした指摘とは異なる結果が示されています。そこで，ここでは，実証研究から得られた知見をみていきたいと思います。

まず，ケータイの使用と対人関係の**親密性**を志向する傾向との関連が指摘されています。辻・三上（2001）では，ケータイの使用と友人関係およびそれに関する意識との関連を検討した結果，メールの使用が多いほど，友人数が多く，友人との密なつきあいを好む傾向があることがわかりました。この結果からは，対人関係に積極的で，親密な関係を求める人ほど，メールを活発に使用する傾向が高いと考えられ，ケータイの使用と対人関係の緊密性との関連が考えられます。

また，渋谷（2002）では，ケータイを使用している大学生を対象に，ケータイの使用と友人関係志向との関連について検討を行った結果，ケータイを使用している全対象者の特性として，親和性，救護性，養護性の欲求が高いことがわかりました。親和性は，多くの友人と親密な関係をもちたいという気持ちであり，救護性は，友人に助けてもらいたいという気持ちであり，擁護性は，逆に，友人を助けてあげたいという気持ちを指します。このことから，ケータイ使用者は，できるだけ多くの友人を作り，困ったときは友人に助けてもらったり，逆に，助けてあげたりしたいというパーソナリティ特性をもつ傾向が高いと考えられます。ただし，ケータイ使用高群と低群との比較では，差はみられませんでした。したがって，この研究で得られた結果がケータイ使用者特有のものなのか，それとも

一般の大学生にもみられる特性なのかは，明らかではありませんが，ケータイの使用者は，友人との親密な関係を求める傾向が高いということは認められているといえます。

　一方，ケータイの使用と**選択的対人関係志向**との関連を指摘した研究もみられます。選択的対人関係とは，その時々の気分に合わせてつきあう相手を選択的に使い分ける対人関係志向を指します。

　岡田ほか（2000）は，大学生を対象に，ケータイの使用と使用者の意識，行動，友人関係志向との関連について検討する調査研究を行っています。その結果，ケータイの使用が多い者は，社交性が高く，ケータイの使用により，「人と直接会うことが増えた」と感じている人が多いことがわかりました。また，ケータイを用いることで，付き合う相手を選択する傾向が高いこと，ケータイの留守番電話を用いて通話相手の選別を行う人は，より社交性が高いものの，対人関係一般に関してより選択的であることなどがわかりました。さらに，ケータイ使用者は「人間関係は大切」と考える傾向が高く，ケータイは主に友人との関係を保つ上で必需品と位置づけられている一方で，他人に煩わされたくないという志向も強い傾向が示されました。これらのことから解釈すると，ケータイは，「いつどこにいても，好きな相手とつながるためのメディア」であると同時に，「いつ」「誰と」つきあうのかを「自分」で選択することを可能とするメディアであり，対人関係を選択的に使い分ける傾向が高いのではないかと考えられます。

　松田（2001）でも，携帯メールの使用が多い大学生は，友人数が多く，恋人がおり，社交性が高いという結果が得られています。この解釈のひとつとして，松田（2000）では，いつでもどこでも連絡が取れるというケータイのメディア特性により，使用者は，その時々の気分に合わせて連絡を取る相手を選択的に使い分けているという「**選択的友人関係論**」を提唱しています。このような選択的友人関

係は，その時々でつきあう相手を選択しているのですが，その時々で相手が違っても，その相手と親密な関係を築いているものと考えられます。したがって，選択的友人関係志向をもつ者は，友人関係は広いといえますが，一概に，浅いとはいえないものと考えられます。

松尾ら（2005）は，大学生を対象に，2時点でのパネル調査を行い，ケータイの使用が友人関係に与える影響について，松田（2000）が主張したケータイの使用と友人数，選択的友人関係志向との因果関係を検討しています。ケータイ使用量については，通話量，メール量，使用目的別の通話・メール量（事務的なこと，あたりさわりのない話題，趣味・関心，個人的な悩み，異性の話や恋愛について，家族のこと）を測定しています。また，友人数については，友人の人数を選択式で測定し，選択的友人関係志向については，友人関係試行尺度17項目を用いて測定しています。その結果，携帯メールの使用や「趣味・関心」を目的とするケータイでの通話を行うことが，友人数を増やすことが示されましたが，友人数の増加が選択的友人関係志向を高めるというより，「趣味・関心」や「家族のこと」を目的とするケータイ通話が選択的友人関係志向を高めることが明らかになりました。すなわち，友人数が増えたことで，友人の選択肢が増えたことが選択的友人関係志向を高めたのではなく，ケータイによって目的や状況に応じて付き合う相手を選択するという行動が可能になったことが，選択的友人関係志向に影響を及ぼしたのではないかと考えられます。

しかし一方で，選択的友人関係志向に懐疑的な指摘もみられます。たとえば，中村（2003）では，これまでの調査データを検討した結果，携帯メールが選択的人間関係志向を助長した形跡はみられないとし，松田（2000）で指摘されたケータイと選択的友人関係志向との関連は，電話が携帯化したことにより，固定電話時代より電話を使用しやすくなった分，電話番号表示機能を使って相手を選択しや

すくなっただけではないかと指摘しています。そうだとすれば，ケータイと選択的友人関係志向との関連は擬似相関であり，ケータイによって人間関係そのものの選択性が高まったわけではないと考えられます。

　また，ケータイの使用と対人関係の**密着性**の志向との関連も議論されています（たとえば，仲島ほか，1999；足立ほか，2003；赤坂・坂元，2008）。密着性とは，相手との心理的距離が近いことを意味しており，深さの次元である親密性とは異なる概念を指します。仲島ほか（1999）では，ケータイにより「いつでもどこでも」友人と気軽にコミュニケーションをとることが可能となったことから，青少年の友人関係は，心理的に24時間一緒にいることを求めるような密着した関係になってきたことが指摘されており，このような人間関係は，「フルタイム・インティメート・コミュニティ」と呼ばれています。「フルタイム・インティメート・コミュニティ」は，会って話し，離れているときは通話やメールで常にコミュニケーションをとるというように，いつでも相手とつながっている状態でいることで，安心感をもつような関係を指します。

　また，足立ら（2003）が大学生を対象に行った調査研究の結果では，ケータイの通話相手およびメール相手に対して，「一緒にいると心が落ち着く」などの，相手との密着した関係を求める傾向が高いことが示されています。とりわけ，ケータイでのメールで不特定多数の相手とやりとりすることは減少しており，恋人との通話およびメールの使用が高く，恋人などの特定少数の相手といつでもつながっている関係を求める傾向が高いことなどが指摘されています。これらのことから，ケータイの使用は，特に身近な人間関係における結びつきを強め，相手との密着性を高める傾向があるのではないかと考えられます。

　これらの対人関係志向に関する研究からは，これまでのところ，

ケータイの使用と親密性,選択的友人関係,密着性を志向する傾向との関連が指摘されています。これらの結果からは,通説のようにケータイの使用が友人関係を希薄化させるといった悪影響は支持されていないといえます。希薄化するという懸念は,新しいメディアに対する漠然とした警戒心から生じるネガティブなイメージによるところが大きかったのではないかと考えられます。

5 ケータイと孤独感

　ケータイを多く行っている者は,寂しがりやではないかと考えられることが多くあります。たとえば,街中でメールに夢中になってケータイをいじっている若者を見ると,そうした若者はいつでも誰かとつながっていないといられない寂しがりやで,孤独感が高いのではないかと論じられたりします。このように,パーソナリティの中でも,孤独感との関連についての関心は高く,日本でも多くの研究が行われています(たとえば,中村,2002;辻・三上,2001;泊,2004;辻,2006;緒方ほか,2006)。

　中村(2002)では,ケータイの使用と若者の孤独感との関連について検討しています。まず,ケータイと孤独感との関連について検討した結果,携帯メールの使用が多い若者は,孤独感が低いことが示され,その他の結果からも,総じて携帯メールの使用が多い若者は,外向的で,対面コミュニケーションを活発に行っており,友人も多く,深い人間関係を好むことが示されました。したがって,これらの結果からは,ケータイと孤独感の高さとの関連は支持されず,街中で携帯メールに夢中になっている若者を見ただけで,現実の人間関係から逃避しているとか,バーチャル・リアリティのなかにどっぷり浸かり,暗くて不健全である,などと考えるのは間違いであると考えられます。また,辻・三上(2001)でも,携帯メールの使

用が多いほど孤独感が低いという関連が指摘されています。

　泊（2004）では，大学生を対象に，携帯メールの使用と孤独感および，アパシー傾向との関連について，男女別に検討しています。アパシーとは，無気力や無感動などの態度を指します。とくに大学生がアパシー状態に陥る場合，学業に対する意欲が喪失したり，自発的，能動的な行動が減少したり，学業を続けることが困難になるなどの問題が考えられます。研究の結果，女子では，友人から携帯メールで相談されることにより友人関係が活性化し，それが孤独感やアパシー傾向の抑制につながっている可能性が示唆されました。一方，男子では，友人からの相談メールだけでなく，会わない友人との連絡メールや即応的なメールのやり取りを通じて，互いの親密さを確認し，それが孤独感の抑制や大学生活への適応につながっている可能性が考えられました。また，男女とも，友人と心から交流し，信頼関係を築いているものほど，孤独感が緩和され，アパシー傾向が抑制される可能性が示唆されました。このことから，携帯メールの使用が孤独感を抑制させる可能性が考えられます。

　このように，ケータイの使用と孤独感の低さの関連は認められていますが，中村（2002）では，孤独に対する耐性とケータイの使用との関連について検討した結果，携帯メールの使用量が多い若者ほど，孤独に対する耐性が低く，孤独感が低く，デート回数が多く，友人数が多いことが示されました。このことから，孤独に対する耐性の欠如といった，孤立を恐れる心理が，携帯メールの使用頻度を増大させている可能性があるのではないかと考えられます。つまり，携帯メールをよく使う若者は，友人が多く，友人や恋人とよく会い，孤独感も低いのですが，その背景には，いつでも人とコンタクトを取っていなくては不安であるといった，孤独に対する恐怖感や，孤独に耐える力の欠如が隠されている可能性が考えられます。

　そこで，辻（2006）では，携帯メールと**孤独不安**との関連につい

て検討しています。辻（2006）は、大学生を対象に調査研究を行い、孤独を感じる状況として「ケータイに着信・メールがないとき」と「自宅や下宿に一人でいるとき」を取り上げ、それぞれを肯定回答群・否定回答群に分類し、孤独感の解消法として「テレビ」、「音楽」、「メール」が選択される比率を比較しました。その結果、解消法として「メール」が選択される率が高い一方、「自宅や下宿に一人でいる」という状況については、「メール」が孤独解消法として選ばれやすい傾向があることがわかりました。このことから、携帯メールによるつながりに空白が生じたとき、その空白をまた携帯メールによって埋めようとする、携帯メールの使用と孤独不安の循環関係があることが示唆されたと考えられます。したがって、携帯メールの使用は、親密なつながりを志向するというポジティブな側面ばかりではなく、場合によっては依存というネガティブな側面につながる可能性もあるのではないかと考えられます。

緒方・和泉・北池（2006）では、高校生を対象に、携帯メールの使用および、友人数や普段会う回数といった友人とのネットワークが、孤独感とどのように関連しているかを検討しています。その結果、孤独感の高いものは、携帯メールの使用が多く、携帯メールの使用、友人とのネットワークは、ともに、高校生の孤独感の低減と関連していることがわかりました。また、メール数と「頻繁なチェック」「伝達の困難性」「夜間利用による睡眠不足」との相関が認められたことから、ケータイに対する苛立ちや束縛感（「使っていないと回りから取り残された気がする」等）を感じつつも、携帯メールの使用が友人との関係を強化することを認識しながら活用していることが示唆されました。

海外での研究でも、ケータイの使用と孤独感との関連が指摘されています（Reid & Reid, 2004）。レイドとレイド（2004）では、ケータイの通話を好む者とメールを好む者とを比較した結果、メールを

好む者は，孤独感や社会的不安がより高く，それを親しい他者とのメールのやり取りによって埋めている可能性が示唆されました。

このように，先行研究は，相関研究が多いものの，これまでの研究の流れとしては，ケータイの使用が多い者は，孤独感は低いものの，孤独に対する不安が高く，その不安を埋めるために，頻繁にケータイを使用しているのではないかと考えられます。

6 ケータイの心理的特性：CMC の比較から

CMC（Computer-mediated communication）とは，コミュニケーションの一形態で，コンピュータを媒介としたコミュニケーションを指し，パソコンやケータイでのメール，チャット，ブログなどがあたります。CMC にはこのようなさまざまな形態がありますが，CMC のなかでも，ケータイを使用した CMC は，そのメディアのもつ性質から，パーソナリティへの影響があると考えられます。そこで，ここではケータイと他のコミュニケーション形態とを比較しながら，ケータイの使用がパーソナリティにどういった影響を及ぼすのかをみていきたいと思います。

[1] ケータイは緊張しにくい？

まず，CMC の特徴として，他のコミュニケーションと比べ，緊張しにくいのではないかと考えられています。たとえば，面と向かっては言いづらいことでも，メールでは言いやすかったり，ブログには書きやすかったりすることなどがこれにあたるでしょう。こうした他者との関わりに対する緊張を対人緊張といいます。対人緊張は，個人の行動の傾向であり，ここではパーソナリティに関連する概念として，みていきたいと思います。

まず，CMC と対人緊張との関連を検討した研究として，都築・

木村 (2000) があげられます。都築・木村 (2000) は，大学生を対象に，対面，ケータイでの通話，携帯メール，パソコンでの電子メールの4つの条件での対人緊張を比較する実験研究を行っています。その結果，携帯メール・電子メールのほうが，対面・携帯通話よりも，対人緊張が低いことがわかりました。また，都築・木村・松井 (2005) では，ケータイ，携帯メール，電子メールの3条件を比較した結果，対人緊張にあたる「メディアコミュニケーションの困難さ」は，電子メールで高く，携帯メールでもっとも低いことが示されています。

また，対人緊張への影響は，コミュニケーション形態の違いだけではなく，相手との親密度の高さも関連しているという指摘もみられます (岡本, 2004)。岡本 (2004) では，ケータイ，携帯メール，対面の3つのコミュニケーション形態と親密度の高さが，対人緊張に及ぼす影響について検討しています。その結果，コミュニケーション形態と親密度は，対人緊張に影響を及ぼしており，親密度が高い相手とでは，ケータイで最も対人緊張が高く，携帯メール，対面の順に低くなる一方，親密度が低い相手とでは，携帯メールでもっとも対人緊張が低いことがわかりました。このことから，対人緊張への影響は，メディアの違いだけではなく，相手との親密度の高さも関連している可能性が考えられますが，総じて，携帯メールは対人緊張が低いことが示唆されています。

このように，携帯メールは他のコミュニケーション形態と比べ，対人緊張が低いものと考えられますが，この理由について，木村・都築 (1998) では，対人圧力の低さを指摘しています。対人圧力とは，コミュニケーション時に感じる心理的負担のことをさします。携帯メールや電子メールは，対面や携帯通話よりも，利用できる非言語的手がかりが少ないことにより，対人圧力が低くなるため，対人緊張が低いのではないかと考えられます。

[2] ケータイは親しみやすい？

次に CMC と親和感情との関連に関する研究をみてみたいと思います。CMC 全般の特性として，CMC は親和感情を高めやすいということが指摘されています。たとえばウォルザー（Walther, 1996）では，CMC は自分が望んだとおりの自己呈示が可能であるため，お互いの好意が高まりやすく，親密な関係になりやすいことを指摘しています。また，マッケンナら（McKenna et al., 2002）や浅井（2005）の調査研究でも，CMC 状況では，相手との関係が親密になりやすいことが示されています。このように，CMC は親和感情を高めやすいとされていますが，なかでも，ケータイでの CMC は，この特徴が顕著であると考えられます。

都築・木村（2000）では，携帯メールの使用頻度と親和感情との相関が認められており，携帯メールをよく使用するものは，人間関係を大切にし，他者との接触を好むというパーソナリティ特性をもつ傾向があることがわかりました。また，都築・木村・松井（2005）では，ケータイ，携帯メール，電子メールの 3 条件において，親和感情の高さを比較した結果，親和感情得点の高い順に，携帯メール，ケータイ，電子メールとなることが示されています。したがって，携帯メールがもっとも親和感情が高く，他者に親しみを感じたり，心を開きやすいと感じるものと考えられます。

また，岡本（2004）の実験研究では，親和感情は，親密度が高い相手とでは，対面でもっとも高く感じられる一方，親密度が低い相手とでは，携帯メールでもっとも高く感じられることがわかりました。これらの研究をまとめると，CMC の中でもとりわけ携帯メールの使用が親和感情を高める可能性があり，とくに，相手との親密度が低い場合に，親和感情を高めやすいといえそうです。

CMC の中でも，携帯メールが親和感情を高める理由としては，第 1 に，携帯メールは，対人緊張が低く，話しやすいため，親和感

情が高まりやすいのではないかと考えられます。第2に，携帯メールは，対人関係を広げる可能性を持つメディアではあるものの，不特定多数の相手との携帯メールのやり取りは減少していき，結局は，特定少数の相手とのやり取りが多く行われる傾向が認められています（足立ら，2003）。したがって，特定の相手と，メールのやり取りを繰り返し行うことで，親和感情が高まる可能性も考えられます。第3に，文章のみのメールより，顔文字を使用したメールは，親和感情をより高めることも示されています（加藤ほか，2006）。携帯メールは，顔文字に加えて，絵文字も豊富にあるため，そうした非言語的コミュニケーションを取り入れることにより，親和感情が高まる可能性も考えられます。

[3] ケータイは認知バイアスを引き起こしやすい？

　CMCは，特定の心理的特性において認知バイアスが生じうることを示唆した研究もみられます。ジルら（Gill et al., 2006）では，実験研究により，eメールの送信者に対するパーソナリティ評価が，送信者自身のパーソナリティの自己報告と，どの程度一致するかについて検討しています。実験では，被験者が，eメールの受信者となり，面識のない送信者のパーソナリティに関する簡単な情報の書かれたeメールの文面を読んで，送信者のパーソナリティの評価を行い，その評価と送信者の自己報告との一致度を検討しました。その結果，外向性に関しては，高い一致が得られた一方，精神病傾向に関しては，一致が少ないことが示されました。このことから，CMC環境で，面識のない相手とやり取りを行う際には，判断の誤りが生じる可能性があり，精神病傾向などの比較的ネガティブな心理的特性は，認識されにくくなる可能性があると考えられます。この理由として，CMCは，自分の発話を意図的にコントロールできるという「コントロール可能性」や，発話の際に，その内容を満足

いくまで編集できる「編集可能性」が高い（原田, 1997）ため，自分が提示したい側面を強調し，提示したくない側面は隠しやすいことがあげられます。ただし，ケータイは，パソコンに比べ，画面が小さく，テンキーの操作も複雑であるため，文章を推敲することや，全体や前後の文脈を見渡すことが難しいことが指摘されています（佐々木・石川, 2006）。このことをあわせて考えると，ケータイでのCMCのほうが，パソコンでのCMCより，このようなバイアスは生じにくくなるかもしれません。

また，CMCは，利用できる非言語的・言語的手がかりが少ないことにより，提示される情報が限られるため，認知バイアスが生じやすいとも考えられます。たとえば，ジルら（Gill et al., 2008）では，ブログの文章に含まれる感情を評定する実験を行った結果，長文のテキストより短文のテキストのほうが，判断の誤りが生じやすいことが示されています。この実験で取り上げているのは，パソコンでのブログですが，ケータイでのメールやブログの文章は，パソコンでの文章に比べて，さらに短文になりやすいと考えられます。したがって，ケータイでのCMCでは，より認知バイアスが生じやすくなる可能性もあるのではないかと考えられます。

このように，ケータイでのCMCは，認知バイアスが生じやすい可能性と，生じにくい可能性の両面があり，今のところ，どちらの推測もありうるといえます。しかし，少なくとも，CMCは，非言語的・言語的手がかりが少ないことにより，対面より，認知バイアスが生じうると考えられ，ケータイでのCMCもバイアスが生じる可能性があるのではないかと考えられます。

[4] ケータイと自己開示

自己開示とは，他者に対して自分自身に関する情報を伝達することおよび，その過程を指し（Archer, 1980），自己開示が多いパー

ソナリティのことを自己開示傾向といいます。コミュニケーション形態の違いにより、自己開示傾向が異なるかどうかを検討する試みは、これまでにも多く行われており、総じてCMCは、対面に比べると、自己開示傾向が高くなることが指摘されています（たとえば、Joinson, 2001；笠木・大坊, 2003）。たとえばジョインソン（2001）では、CMCは対面に比べて、公的自己意識が弱まり、私的自己意識が高まるため、自己開示傾向が高くなることが指摘されています[2]。

CMCのなかで、ケータイを対象とした研究からも、ケータイの使用と自己開示傾向との関連が指摘されています。たとえば、辻・三上（2001）では、携帯メールの使用が多いほど、自己開示傾向が高いことが指摘されており、対人関係に積極的なパーソナリティである可能性が示唆されています。

また、木内・鈴木・大貫（2008）では、ケータイでの通話・メールの使用が、自己開示を媒介して親密性に及ぼす過程を検討しています。その結果、通話については、通話の使用が多いほど、自己開示が多くなり、親密性が高まる可能性が示唆されています。また、メールでは、メールの使用が多いほど、自己開示が多くなり、親密性が高まると同時に、親密性が高いほどメールをよく使用するようになる、という循環関係にある可能性が示唆されています。これらのことから、ケータイの使用は、自己開示を媒介して、親密性を高める可能性があると考えられます。これらの研究からは、ケータイの使用は自己開示傾向を高める可能性があるといえそうです。

一方、古谷ほか（2005）では、対面と携帯メールでの自己開示は、相手との親密度の高さにより、開示する内容に違いがあることが指

---

2 公的自己意識とは、自分の容姿、行動、発言、態度など、他者が知りえる自己の公的な側面に注意を向けやすいパーソナリティ特性のことであり、私的自己意識とは、自己の内的な感情や思考など、自らにしか知りえない自己の私的な側面に注意を向けやすいパーソナリティ特性のことをいう。

摘されています。古谷ほか（2005）は，親密度の違いにより，対面と携帯メールでの自己開示がどのように変化するかを2時点での縦断研究から検討しています。その結果，親密度が高くなると，対面では将来の目標や悩みなどの内面的な内容に関する開示が増加し，携帯メールではうわさ話などの表面的な内容に関する開示が増加するという違いがみられました。このことから，開示する内容により，対面と携帯メールを使い分けており，携帯メールで開示される自己は，表面的なものである可能性が考えられます。また，親密度は，まず対面の開示に関連し，対面の開示が携帯メールの開示に関連することが示されました。この結果から，対面での開示ができていることが前提となって，携帯メールでの開示が行われる可能性が考えられます。この結果からは，ケータイ単体での使用は，自己開示傾向を高めるとはいえ，対面でのコミュニケーションにあわせてケータイを使用することにより，開示が促進される可能性が考えられます。

7 ケータイ依存

　ケータイの問題のひとつとして，ケータイへの依存があげられます。たとえば，時間や場所をわきまえずにメールをしたり，友達と話している最中でもメールが気になってしまうなどの依存行動は，社会的にも大きな問題になりつつあります。そこで，ここでは，ケータイ依存の特徴と実態，ケータイ依存に関連のあるパーソナリティについてみていきましょう。

[1] ケータイ依存とは？

　まず，依存とは何かについて述べたいと思います。とくに依存を引き起こすような化学物質を摂取していないにもかかわらず，物

質依存と同様の症状がみられる状態を"行動上の依存（behavioral addiction)"といいます。行動上の依存には，たとえば，買い物，ギャンブル，エクササイズ，セックスなどの依存があげられます。同様に，メディアに対する依存をメディア依存といい，これまでの研究では，テレビ，ゲーム，インターネット，ケータイなどのメディア依存が指摘されています。これらのメディア依存に共通する特徴として，グリフィス（Griffiths, 1998)，ワイディヤントとグリフィス（Widyanto & Griffiths, 2007）では，①メディア使用が生活の中心的活動になり，メディアへの没入や認知の歪曲，社会生活の破綻などを引き起こす，"顕著性（salience)"，②メディア使用によって興奮したり，逃避をしたりする，"気分の変容（mood modification)"，③今までと同じ効果を得るためにメディアの使用が次第に増加する，"耐性（tolerance)"，④メディアの使用を止めると，気分が不快になったり，身体的反応が生じる，"離脱（withdrawal)"，⑤メディア使用により，日常生活において周囲の人との葛藤，仕事や学校などの活動との葛藤，個人内の葛藤などが生じる，"葛藤（conflict)"，⑥メディアを使用することの自制やコントロールが難しく，もとの行動パターンが復活し，逆戻りしてしまう，"再発（relapse)"の6つをあげ，これらの要素から総合的に依存を診断しています（松尾, 2007)。

　ケータイに対して，このような依存の特徴がみられることを，「ケータイ依存」といいます。ただし，ケータイ依存の定義はいまだ確定しておらず，多くの研究では，使用量や使用時間といった量的な側面から判断しています。しかし，いくら使用量が多くても，先にあげた6つの症状などが伴わなければ，依存症と判断されるものではないことに注意する必要があります。たとえば，仕事上，ケータイを長時間使用する場合などもあるように，単に，過剰使用だけでは，依存とはいえないでしょう。

　ジェイムスとドレンナン（James & Drennan, 2005）では，ケー

タイ依存の特徴として，態度の特徴と行動の特徴を指摘しており，態度の特徴として，①ケータイを使用することが，生活の中で重要なことと感じる，②ケータイと一体感を感じる，③ケータイをもたないと集団から排除される危険を感じる，④ケータイが気晴らしや快楽的な価値をもつことをあげ，行動の特徴として，①衝動性，②ケータイを使用したい気持ちが抑えきれない，③自分の行動のコントロールの失敗，④引きこもり症状などをあげています。これらは，グリフィス（1998）の依存の診断基準にも重なるものであり，依存の診断の際には，こうした症状を踏まえ，慎重に判断する必要があると考えられます。

　それでは，実際に，ケータイ依存の人は，どのくらいいるのでしょうか。日本でのケータイ依存率に関する調査をみると，さまざまな基準から，依存が測定されています。たとえば，文部科学省が行った全国の小中高校生を対象とするケータイに関する使用実態調査では，携帯メールの使用量を測定した結果，中学2年の約2割が1日に50通以上のメール送受信を行っており，100通以上やりとりする小学生もみられたことから，子どものケータイ依存が進んでいるという指摘がなされています（文部科学省，2009）。ただし，この調査では，ケータイの使用量を測定しているのみであり，そこから，即，依存とは判断できないことに注意する必要があります。

　また，ネットエイジア（2008）の日本での全国調査では，自分はケータイ依存だと思うかという回答者の意識について尋ねています。その結果，22.3％の回答者が「思う」と回答しており，とくに，より若い世代で，ケータイ依存と自覚している割合が高いことがわかりました。この調査は，自分の意識から依存かどうかを測定している点に意義があると考えられますが，モバイルリサーチ（ケータイによるインターネットリサーチ）を用いて回答を収集しているため，元々ケータイの使用が活発な人が多く含まれているというバイアス

がある可能性があります。また，人によって，依存の判断基準が異なると考えられるため，妥当性の高さにも疑問があるといえます。

このように，現状では，依存を測定する診断基準はさまざまであり，依存率も研究によってさまざまである状態です。そのため，今後は妥当性の高い基準を設定したうえで，依存率や依存発生のメカニズムを検討していくことが必要と考えられます。依存の背景には，孤独感やソーシャルサポートの不足といった使用者のもともと有する問題が影響しているという指摘もあり（Davis, 2001），ケータイの使用においても，ケータイの使用が依存を引き起こすというより，使用者自身の問題との関連もある可能性が考えられます。したがって，ケータイの使用との関連ばかりに着目するのではなく，他のパーソナリティ要因との関連を含めて，依存発生のメカニズムを明らかにしていく必要があるでしょう。

[2] ケータイ依存とパーソナリティ特性

それでは，ケータイ依存になりやすい人のパーソナリティ特性には，どういった特徴があるのでしょうか。

まず，ケータイ依存傾向と外向性との関連があげられます。ケータイ依存の代表的な研究として，ビアンキとフィリップス（Bianchi & Phillips, 2005）がありますが，この研究では，ケータイの問題使用尺度（the Mobile Phone Problem Usage Scale；MPPUS）を作成し，ケータイ依存とパーソナリティとの関連について検討しています。この依存尺度は27項目で構成されており，ケータイの過度の使用や，不適切なケータイの使用などの問題行動が含まれています。そして，この依存尺度と外向性との関連を調べた結果，ケータイ依存傾向と外向性との相関が認められ，外向性が高い者は，ケータイ依存傾向が高いことが示されました。

また，吉田ら（2005）でも，携帯メールへの依存傾向と外向性と

の関連が指摘されています。携帯メールへの依存については，携帯メール依存尺度の56項目が使用され，「情動的な反応」「過剰な利用」「脱対人コミュニケーション」の三つの下位成分が測定されています。また，外向性については，和田（1996）のBig Five尺度から，外向性に関する4項目が測定されています。研究の結果，「メールのやり取りを一日に20通以上もしてしまう」などの過剰な利用と外向性との間に正の相関がみられ，ケータイを過剰に利用する人は，外向性が高いパーソナリティ特性をもつことが示されました。また，この研究では，社会的スキルとケータイ依存傾向との関連も検討されており，ケータイの過剰な利用と社会的スキルとの相関もみられました。これらの結果から，ケータイ依存になりやすいパーソナリティ特性として，外向性や社会的スキルが高く，他者とのコミュニケーションが活発で，メールを多く送信してしまうために日常生活に支障が出るといった「外向的メール依存」が考えられます（表4-1）。

一方，吉田ら（2005）では，ケータイ依存傾向と**神経症傾向**との関連も指摘されています。研究の結果，「相手からなかなかメールの返事がこないと，不安になる」などの，情動的な反応，「大事な話を口頭や面と向かってするのではなく，メールで済ませてしまう」などの，脱対人コミュニケーションと，神経症傾向との間に正の相関がみられました。この結果からは，対面でのコミュニケーションが苦手であり，その代替として，非対面，非同期的な文字コミュニケーションを過度に用いるといった「神経症的メール依存」が考えられます。

また，**衝動性**との関連についても指摘されています（Billieux et al., 2007）。ビリューら（2007）によれば，衝動性の中でも「切迫感」と「忍耐性の欠如」とケータイ依存傾向との正の相関が認められ，切迫感が高い者，忍耐力が不足している者は，ケータイ依存傾

表4-1　ケータイメール依存尺度（吉田ら（2005）「インターネット依存および携帯メール依存のメカニズムの検討」より）

＜Ⅰ：情動的な反応　$a = .93$＞
53　相手からなかなかメールの返事がこないと，不安になる。
16　自分がメールを出しても，返事がすぐに来ないと寂しい。
37　メールの返事が来ないと，心配になる。
8　自分の打ったメールに対して返信が来ないと，寂しくなる。
2　メールを送信した後には返信が気になって何度も携帯をチェックする。
32　ずっと誰からもメールが来ないと不安になる。
12　メールをチェックしたときに，一通も来ていないと寂しく感じる。
13　自分が送った文章の量よりも，相手から返信される文章量が少ないと，不安になる。
21　メールの着信があるかどうかを頻繁にチェックしてしまう。
35　メールのやり取りがなくなると，人間関係も崩れてしまうように感じる。
55　メールの内容に過度に心が動かされてしまう。
3　メールが使えないと，直接会えない友達との関係が希薄になると思う。
11　相手の本当の気持ちがそのままメールに表れているのかがわからなくて，不安になることがある。
1　自分が大切だと思っている用件に対して返信がないと，不安になる。
14　メールが使えないと，孤独を感じてしまう。
15　暇なときは，とにかく誰かにメールして，相手にしてもらいたい。
30　授業中でもメールが気になって，携帯を確認することがある。
27　メールが気になって他のことに集中できないことがある。
9　授業中でもメールが来たら，すぐに内容を確認する。
48　することがない時に，メールの履歴を眺めることがある。
54　着信があった時はすぐわかるようにして，携帯を持ち歩いている。
38　たいした用事ではないことでもメールをしてしまう。
49　用事がないときでもメールを打つことがある。
34　携帯電話を忘れると一日中不安である。
52　実際に会うと言えないことでも，メールでは伝えられることがあると思う。
18　メールを打つとき，絵文字の使い方や文面を真剣に考える。
26　自分からメールのやりとりを終わらせることがなかなかできない。

＜Ⅱ：過剰な利用　$a = .88$＞
42　メールのやり取りを一日に20通以上もしてしまう。
17　人と話しながらでも，メールを打つことがある。
24　食事をしながらメールすることがある。
22　何時間も続けてメールのやりとりをすることがある。
56　短時間に何通ものメールをやり取りしてしまう。
4　メールを打つスピードが速いほうだと思う。
5　絵文字や顔文字をよく使う。
47　目の前の友だちと話しているときでも，メールをしてしまう。
19　一人になったときは，すぐに携帯を取り出してメールをする。
43　友だちと会話している途中でも，着信があれば携帯を確認する。
6　携帯電話の電池が切れそうになると不安になる。
45　電車に乗っているときに，メールをすることがある。
33　暇なときには，すぐにメールを打ってしまう。
29　何もすることがないとき，暇つぶしにメールを送ることがある。
46　どんなときでも携帯をいじっている。

＜Ⅲ：脱対人コミュニケーション　$a = .85$＞
44　大事な話を口頭や面と向かってするのではなく，メールで済ませてしまう。
28　重要な話でもメールで済ませてしまうことがある。
23　会って話せば良いことをメールで伝えてしまう。
20　電話をすれば済むことなのにメールを使ってしまうことがある。
10　会って話すべきことをメールで済ませてしまうことがある。
41　連絡のほとんどをメールで行ってしまう。
39　メールが使えないと，新しくできた友達との関係が保てない。
31　メールでしか自分の本心を相手に伝えられない。
40　メールが使えないと，知り合ったばかりの人と友達になれない。
50　メールが使えないと，普段会えない友達と気軽にコミュニケーションが取れなくなる。
51　直接言いにくいようなことをメールで伝えることがある。
7　友だちとの簡単な連絡には，メールを使う。
25　忙しいときでも，メールの返事を優先してしまう。
36　他にするべきことがあるときでもメールをしてしまう。

向が高い傾向があることが示されています。このことから，衝動性の高い人は，ちょっとしたことがあったとき，すぐにメールをしてしまうため，携帯メールを過剰に使用し，ケータイ依存が生じるという可能性が考えられます。

さらに，**自尊感情**との関連も指摘されており，自尊感情が低いほど，ケータイ依存傾向が高いことが示されています（Bianchi & Phillips, 2005）。自尊感情が低い者は，自己を肯定的に捉えることが困難であるため，一人でいることが不安であったり，自己が安定しにくい傾向があると考えられます。そのような時，他者とつながることを求め，ケータイを過剰に使用することにより，ケータイ依存が生じる可能性があるのではないかと考えられます。

また，ケータイ依存には性差，年齢差も認められています（Bianchi & Phillips, 2005；Wilska, 2003；吉田ら, 2005）。ウィルスカ（Wilska, 2003）では，フィンランドの若者のケータイの使用を調査した結果，ケータイ依存は，男子より女子に多く見られることが指摘されており，同様の指摘は，吉田ら（2005）による日本の調査でも示されています。さらに，年齢差としては，年齢の低いもののほうが，ケータイ依存傾向が高いことが示されています（Bianchi & Phillips, 2005）。

このようにみてみると，ケータイ依存を生じさせやすいパーソナリティ特性として，外向性，神経症傾向，衝動性，自尊感情などが考えられます。しかし，これらのパーソナリティ特性では，依存のプロセスが異なる可能性が考えられるため，今後は，パーソナリティ特性ごとに，依存のプロセスを明らかにしていく必要があるものと考えられます。

また，ケータイ依存がストレスや身体的健康に影響を及ぼす可能性も指摘されています。

中学生を対象とした上別府・杉浦（2002），上別府・杉浦

(Kamibeppu & Sugiura, 2005）では，携帯メールの使用頻度が高いほど，コミュニケーション上のトラブルや情緒的な不安を経験することが多く，生活リズムが不規則になることや，「電話や携帯メールに返事がないと不安になる」などの依存傾向が高くなることなどが示唆されています。このことから，ケータイ依存がストレスや身体的健康への悪影響を生じさせる可能性もあると考えられます。

これまでの研究のほとんどは相関研究であるため，どのようなパーソナリティ特性をもつ者がケータイ依存をしやすいか，また，ケータイ依存がどのような影響をもたらすかを明らかにする根拠としては十分とはいえませんが，依存と関連のあるパーソナリティ特性は認められているといえます。そこで今後は，これまでの研究から得られた知見を踏まえて，ケータイ依存の体系的なメカニズムを実証的に検討していく必要があると考えられます。

8 ケータイ・セラピー

ケータイ・セラピーは，ケータイを用いて問題のあるパーソナリティを変容させ，心の問題を改善する試みです。近年では，ケータイ・セラピーによって，心理的な問題を改善させるさまざまな試みが進められており，ケータイ・セラピーの有効性も実証されつつあります。しかし，ケータイ・セラピーは，その実践が始まったばかりの段階であり，現在のところ，十分な知見が蓄積されているとはいえません。そこで，ここでは，これまで行われてきたケータイ・セラピーにはどんなものがあり，どのような効果が期待できるのかをみていきたいと思います。

また，現在では，ケータイを用いてブログを書くことが増えていますが，ブログを書くことは，精神的健康を高める効果があるとも考えられています。そこで，最後に，ブログの効果についても取り

上げたいと思います。

[1] インターネット・セラピーの効果

　メディアを用いたセラピーは，ケータイ・セラピーに限らず，パソコンでのインターネット・サイト，チャット，掲示板，メールなどのネット・ツール上でも広く行われており，これらはインターネット・セラピー（オンライン・セラピー）と呼ばれています。インターネット・セラピーは，比較的新しいメディアを使用した治療法であるため，いまだ研究の途上ですが，その実践および効果の検討は，国内外ですでに多数行われていて，いくつかのネット・ツールでは，その有効性が認められています。ケータイ・セラピーは，ケータイのインターネット機能を利用したインターネット・セラピーにあたるため，インターネット・セラピーの知見は，ケータイ・セラピーを行ううえでも示唆に富む知見が得られるものと考えられます。そこで，ここでは，主要なインターネット・セラピーの知見を，ネット・ツール別に，簡単に紹介したいと思います。

　まず，インターネット・サイトを用いた治療があげられます。これは，インターネット上に，セラピーに関するサイトを開設し，そこでセラピーや研究の紹介，同じような問題に悩む人同士が互いに支援しあうオンライン・グループの紹介，こころの問題に関するメール，チャットなどのリンクを提示しているものであり，ウェブ上にはこうしたインターネット・サイトが無数に存在しています。たとえば，小林ほか（1999）では，不登校問題に関する専門の相談サイトを Web ページ上で開設しており，サイトにアクセスした子ども，保護者，教育関係者などから電子メールでの相談が多数寄せられていることが報告されています。これらのサイトは，インターネットを利用できる環境さえあれば，誰でも訪問することができ，クリニックなどの医療機関を直接来院するよりも敷居が低く，心理的

な抵抗が少ないという利点があると考えられます。その一方で，インターネットの匿名性という特徴により，ウェブ上では誰もがカウンセラーを名乗ることが可能であったり，嘘の情報を流すなどの悪用の問題もあるのではないかと考えられます。

　第2に，メールを用いた治療があげられます。これは，専門家がメールにより，カウンセリングを行うもので，多数の実践と効果が報告されています。たとえば，メールでのカウンセリングを不登校児童生徒に行うことにより，不登校状態に改善がみられたことが報告されています（たとえば，Akahori et al., 2000；加藤・赤堀，2005）。赤堀ら（2000）では，不登校児童を対象に，5ヶ月間のeメールでのカウンセリングを行った結果，eメールでのコミュニケーションが増加することにより，不登校状態に改善がみられたことが報告されています。このことから，対面でのカウンセリングが難しい場合でも，eメールであればコミュニケーションがしやすいため，eメールでのカウンセリングが有効と考えられます。また，加藤・赤堀（2005）では，メールと掲示板を併用して長期的にカウンセリングを行っており，その効果が認められています。

　その一方で，活用の難しさや安易に使用することの危険性も指摘されています。たとえば，ウィルソンとレスター（Wilson & Lester, 1998），小林（1998）では，対面や電話では簡単に得られる微妙な感情のニュアンスが，メールでは得られにくく，誤解や混乱を招く危険があることが指摘されています。小林（1998）では，メールによる治療の危険性として，①誤解が生じやすい，②自分の感情を投影しやすい，③虚偽の情報が使用されやすい，④対象の理解が容易ではない等を挙げており，これらに対処することは，非常に難しいことを指摘しています。これらの問題点を回避するためには，治療者はカウンセリング技法を習得しているだけではなく，メディアの特性を十分に理解して使用することが重要になると考えられます。

[2] ケータイ・セラピーの効果

ケータイ・セラピーは、インターネット・セラピーのなかでも、新しい分野であるため、その効果を検討した研究は、いまだ多くはありませんが、いくつかの報告がなされています。これまでの研究は、セラピーの技法でみると、認知行動療法、カウンセリングといった技法での効果が支持されており、ケータイを使用した摂食障害や肥満防止の取り組みは、多数報告されています（たとえば、Morak et al., 2008 ; Hurling et al., 2007）。

たとえば、モラックら（Morak et al., 2008）は、肥満改善のためのセラピープログラム（TMS ; A Therapy Management System）を開発しており、肥満患者らは、ケータイのウェブ機能を用いて、TMS にアクセスし、個人データの管理、更新、メールのやりとりなどを行うことができます。このプログラムを用いて、70日間の治療を行った結果、多くの被験者に肥満改善の効果がみられ、ケータイを用いた肥満改善プログラムの有効性が認められています。

また、ケータイのメールを用いた摂食障害の治療の効果（Hazelwood, 2008）や、ケータイを用いて禁煙に取り組むプログラムの効果（Obermayer et al., 2004）なども認められています。

ケータイをセラピーに用いる有効性としては、いつでもどこでも利用できる利便性、すぐに連絡・返信ができる即時性、携帯メールでのコミュニケーションは心理的抵抗がとくに少ないため、親和性が高まりやすく、治療に効果的であることなどが考えられます。

このようにケータイ・セラピーの効果が認められているケースもありますが、ケータイ・セラピーに関する実証研究はいまだ多くはありません。また、ケータイ・セラピーですべての問題が扱えるわけではないことや、誰にでも有効であるとは限らないことにも気をつける必要があるでしょう。したがって、ケータイ・セラピーの効果を検討する際には、その限界や課題についても、あわせて検討し

ていく必要があると考えられます。

[3] ブログの効果

　ブログとは，Weblog，ウェブログとも呼ばれており，個人やグループなどにより運営され，時系列的に更新されるウェブページの総称です（情報通信政策研究所, 2009）。現在，ブログの明確な定義はなく，記事に対して閲覧者がコメントすることや，閲覧者自身のブログへのリンクを作成するトラックバックのような双方向機能が特徴としてあげられることが多いですが，日本では，ブログ向けのツールを使って作られたウェブページを指すことが一般的です（情報通信政策研究所, 2009）。また，ブログは，パソコンでのインターネットだけでなく，ケータイからも行うことができ，とくに若者は，ケータイでブログの更新や閲覧を多く行っています。現在のところ，パソコンとケータイの両方で編集・閲覧が可能なブログサービスが主流であり，パソコンとケータイの使用を区別することが難しいため，ここでは，パソコンとケータイでのブログを含めたブログ全般についてみていきたいと思います。

　それでは，現在，いったいどのくらいの人がブログを利用しているのでしょうか。日本では，ブログサービスの事業者が多く存在しており，サービスの開始・停止や名称変更等も頻繁に行われるため，正確な利用率を把握することは難しいですが，総務省の情報通信政策研究所の調査によれば，ブログ登録者数は，2003年までは数万から十数万の規模で推移していましたが，2004年から2005年にかけて急増し，その後も緩やかに増加しており，2008年1月時点で，約1690万と報告されています。このうち，1ヶ月に1回以上記事が更新されているアクティブなブログは約300万件と推計され，インターネット上で公開されている国内ブログ全体数の18％が，継続的に更新されているブログであると考えられています（情報通信政策研

[千ブログ]

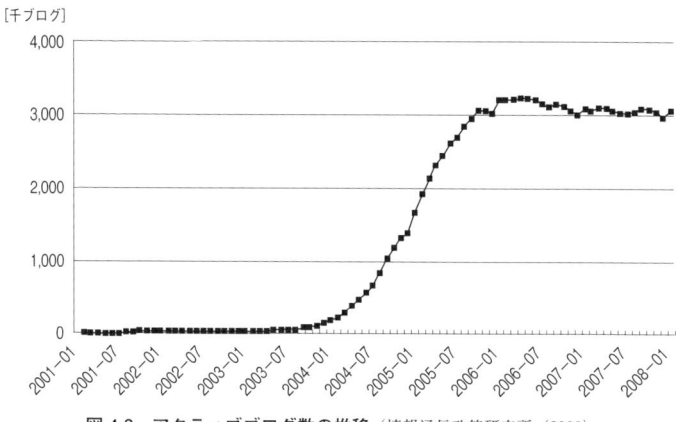

図4-3 アクティブブログ数の推移（情報通信政策研究所（2009）「ブログの実態に関する調査研究」より）

究所, 2009)（図4-3)。

これだけ多くの人をひきつけるブログの魅力とは，いったいなんでしょうか。山下ら（2005）では，ブログの効用として，①感情の表出，②自己の明確化，③社会的妥当性の確認といった「自己に向かう効用」と，④二者関係の発展，⑤社会的コントロールといった「他者との関係に向かう効用」を指摘しています。このことから，ブログは，単に自分のための日記として書かれているわけでなく，他者を意識して書かれる面もあるようです。

こうした書くことのポジティブな効果は，ブログが普及する以前から指摘されており，その代表的な研究のひとつにペンネベーカーの研究があげられます。ペンネベーカーは，一連の研究のなかで，かつての苦しい体験や悩みなどを書き表すことにより，心身の健康が改善することを実証的に指摘しています（たとえば，Pennebaker, 1988, 1990, 2004)。

また，林（1998）では，書くことをカウンセリングに取り入れる効果として，①文章を書くこと自体がカタルシス効果をもつとする

「カタルシス効果」、②自分について文章で表現することにより、自分を客観化でき、自分の問題を概念化して収め直すという「自己の問題の概念化」、③自分の書いている文章と自分自身との関係において、自分の感情が意識される「自己への気付き」、④自分の書いた文章を読み直すことにより、自分の思考過程をチェックすることができる「自己の思考過程の追跡」、⑤文章化すること自体が自分を語ることであるという「自己開示」、⑥文章を書くことで、自分の抱く自己イメージを主体的にコントロールしやすく、そのことによって「自分を守る役割」をあげています。

これらの研究から、書くことは、それ自体が自然なセラピーとなり、症状を改善する効果をもつことが示唆されているといえます。それでは、ブログを書くことは、どのような心理的メカニズムを生じさせるのでしょうか。

川浦ほか（1999）では、調査研究から、ブログを書く心理的メカニズムを検討しています。その結果、読者からの肯定的な反応は、ブログを書く効用を高め、読者の存在を意識させる効果をもち、それにより、満足感が高まり、その満足が日記の継続意向を高めるというプロセスが示されました。反対に、否定的な反応は、自分のことが理解されていないという印象を高めることが示されました。これらの結果から、ブログを書くことによる心理メカニズムは複雑なプロセスをもつと考えられますが、大筋として、ブログを書くことにより、満足感が高まることで、ブログを書き続けるという流れが想定されたといえます（図4-4）。

ケータイでのブログを対象とした研究としては、コーとクオ（Ko & Kuo, 2009）が、ブログでの**自己開示**と**主観的幸福感**との関連について検討しています。本研究では、台湾の青年を対象とし、ブログでの自己開示が社会的資源を経由して主観的幸福感に影響を及ぼすという仮説に基づいて、検討を行いました。社会的資源とは、社会

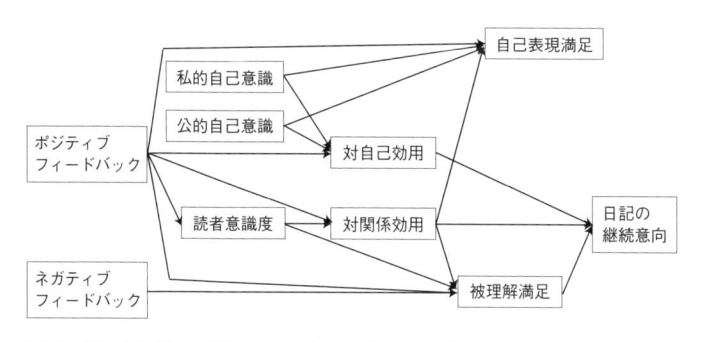

図 4-4 ブログを書く心理的メカニズム（川浦ら（1999）による「Fig. 3 ウェブ日記の継続に関するパスダイアグラム」を基に作成した。）

的統合，社会的結びつき，社会的橋渡しの3つを含む概念です。その結果，仮説は支持され，ブログでの自己開示が多いほど，社会的資源が多く，社会的資源が多いほど，主観的幸福感が高いことが示されました。この研究から，ブログでの自己開示は，他者との結びつきを強め，それが幸福感につながる可能性が考えられます。

これまでの研究からは，ブログを書くことによるポジティブな効果が示唆されており，書くことが，心身の健康を高める効果をもつ可能性もあると考えられます。ただし，読者からの否定的な反応は，被理解感を低下させるなどのネガティブな効果につながる可能性も示唆されています。したがって，今後は，縦断研究により，ポジティブ・ネガティブ両面の効果を明らかにしていくことが課題と考えられます。

9 おわりに

本章では，ケータイとパーソナリティとの関連を取り上げ，これまでの研究の動向をみてきました。これまでの研究からは，ケータイの使用とパーソナリティとの関連について，いくつかの相関が認

められているものの,その影響関係については,はっきりした結論が出ていないといえます。また,これまでの研究は,いくつかの限られたパーソナリティ領域を単発的に検討した研究がほとんどです。したがって,今後は,領域を超えた包括的な理論やモデルを検討していくことで,より実りある知見を得ていく必要があると考えられます。

そこで,最後に,これまでの研究を踏まえ,今後の課題をあげてみたいと思います。

ひとつには,ケータイの影響の検討が課題としてあげられます。これまでの研究は,多くが相関研究であり,影響関係の検討は,ほとんど行われていません。しかし,社会問題を改善するためには,原因となる変数を操作することで,結果となる変数を変化させることで,問題を改善していくことが必要となります。したがって,今後は,相関研究に留まらず,影響研究を行い,ケータイの影響について検討していく必要があると考えられます。

また,メディアの使用期間によって,影響が異なる可能性も考えられます。たとえば,クラウトら(Kraut et al., 1998)では,インターネットの短期間の使用では,精神的健康への悪影響が認められましたが,クラウトら(Kraut et al., 2001)での長期的影響の検討では,それらの悪影響は認められなかったことから,ケータイの使用でも,同様に,ケータイを長期的に使用することで,影響性が変化する可能性も考えられます。したがって,メディアの使用の短期的影響を検討することにあわせて,長期的に使用することにより,影響力がどのように変化するのかについても検討していく必要があると考えられます。

とりわけ,現在の子どもは,ケータイを子どもの頃から保有し,使いこなすことが当たり前になりつつある世代であり,ケータイを長期的に使用していくものと考えられます。そのような環境で育っ

た子どもが大人になったとき，大人になってからケータイを保有するようになった現在の大人とは違った使い方や影響が現れる可能性もあるかもしれません。また，ケータイも日々，発展が著しいメディアであるため，ケータイのどのような機能が，どのような対象に，どのような影響を及ぼすのかについて，多様な側面から研究を蓄積していく必要があると考えられます。そして，研究の知見を学問領域で議論するだけでなく，社会に広く還元していき，使用者に役立つ知見を提供していくことも必要だと思います。それにより，使用者が，ケータイをより有効に使用できるような手がかりが提供できることを強く願っています。

引用文献

足立由美・高田茂樹・雄山真弓・松本和雄　(2003)．携帯電話コミュニケーションから見た大学生の対人関係　教育学科研究年報, **29**, 7-14.

Akahori, K., Nagasima, K. & Kanazawa, H. (2000). Analysis of e-mail counseling for school-refusal students. *Educational Technology Research*, **23**, 45-50.

赤坂瑠以・坂元　章　(2008)．携帯電話の使用が友人関係に及ぼす影響—パネル調査による因果関係の推定—　パーソナリティ研究, **16**, 363-377.

Archer, J. L. (1980). Self-disclosure. In D. Wegner, & R. Vallacher (Eds.), *The Self in social psychology*. London: Oxford University Press.

浅井亜紀子　(2005)．携帯電話による対人関係の親密化過程への影響: 女子大学生の認識とその背景　*Caritas*, **39**, 80-91.

Bianchi, A., & Phillips, J. G. (2005). Psychological predictors of problem mobile phone use. *CyberPsychology & Behaviour*, **8**, 39-51.

Billieux, J., Martial Van der Linden, Mathieu d'Acremont, Ceschi, G., & Zermatten, A. (2007). Does impulsivity relate to perceived dependence on and actual use of the mobile phone? *Applied Cognitive Psychology*, **21**, 527-537.

Butt, S., & Phillips, J. G. (2008). Personality and self reported mobile phone use. *Computers in Human Behavior*, **24**, 346-360.

Davis, R. A. (2001). A cognitive-behavioral model of pathological internet use. *Computers in Human Behavior*, **17**, 187-195.

Ehrenberg, A., Juckes, S., White, K. M., Walsh, S. P. (2008). Personality and self-esteem as predictors of young people's technology use. *CyberPsychology & Behavior*, **11**, 739-741.

Gill, A. J., Oberlander, J., & Austin, E. (2006). Rating e-mail personality at zero acquaintance. *Personality and Individual Differences*, **40**, 497-507.

Gill, A. J., Gergle, D., French, R. M., & Oberlander, J. (2008). Emotion rating from short blog texts. *Conference on Human Factors in Computing Systems*, 1121-1124.

Griffiths, M. (1998). Internet addiction: Does it really exist? In J. Gackenbach, (Ed.), *Psychology and the internet: Intrapersonal, interpersonal, and transpersonal implications*. San Diego, CA: Academic Press. pp. 61-75.

原田悦子 (1997). 人の視点から見た人工物研究（認知科学モノグラム6） 共立出版

林 潔 (1998). 電子メールによるカウンセリングおよび援助（helping）活動について 白梅学園短期大学情報教育研究, **1**, 30-36.

Hazelwood, A. J. (2008). Using text messaging in the treatment of eating disorders. *Nursing times*, **104**, 28-29.

Hurling, R., Catt, M., De Boni, M., Fairley, B. W., Hurst, T., Murray, P., Richardson, A., Sodhi, J. S. (2007). Using internet and mobile phone technology to deliver an automated physical activity program: Randomized controlled trial. *Journal of Medical Internet Research*, **9**. <http://www.jmir.org/2007/2/e7/HTML> (2010年6月20日)

古谷嘉一郎・坂田桐子・高口 央 (2005). 友人関係における親密度と対面・携帯メールの自己開示との関連 対人社会心理学研究, **5**, 21-29.

Joinson, A. N. (2001). Self-disclosure in computer- mediated communication: The role of self- awareness and visual anonymity. *European Journal of Social Psychology*, **31**, 177-192.

James, D., & Drennan, J. (2005). Exploring addictive consumption of mobile phone technology. *ANZMAC 2005 Conference: Electronic Marketing*, 87-96.

Karahoca, A., Karahoca, D., Yengin, I., Yuce, B., Berkman, I., Simsek, S., Dagyar, C., & Yalcin, S. (2006). Usability evaluation of cell phone user interfaces. *WSEAS Transactions on Information Science and Applications*, **3**, 1582-1588.

加藤尚吾・赤堀侃司 (2005). 電子メディアを用いたカウンセリングにお

ける不登校児童生徒の自己開示に関する分析　日本教育工学会論文誌, **29**, 607-615.

加藤由樹・加藤尚吾・赤堀侃司　(2006).　携帯メールコミュニケーションの感情面に関する分析―教師あるいは友人がやりとりの相手の場合の検討―　日本教育情報学会学会誌, **21**, 3-12.

川浦康至・山下清美・川上善郎　(1999).　人はなぜウェブ日記を書き続けるのか―コンピュータ・ネットワークにおける自己表現―社会心理学研究, **14**, 133-143.

上別府圭子・杉浦仁美　(2002).　携帯eメールが思春期の対人関係に及ぼす影響―首都圏5公立中学校における実態把握―　安田生命社会事業団研究助成論文集, **38**, 48-57.

Kamibeppu, K., & Sugiura, H. (2005). Impact of the mobile phone on junior high-school students' friendships in the Tokyo metropolitan area. *CyberPsychology & Behavior*, **8**, 121-130.

笠木理史・大坊郁夫　(2003).　CMCと対面におけるコミュニケーション特徴に関する研究　対人社会心理学研究, **3**, 93-101.

木村泰之・都築誉史　(1998).　集団意思決定とコミュニケーション・モード―コンピュータ・コミュニケーション条件と対面コミュニケーション条件の差異に関する実験社会心理学的検討―　実験社会心理学研究, **38**, 183-192.

北村晴朗　(1981).　人格　梅津八三ほか（監修）　心理学事典　第11刷　平凡社　pp. 392-395.

木内　泰・鈴木佳苗・大貫和則　(2008).　ケータイを用いたコミュニケーションが対人関係の親密性に及ぼす影響―高校生に対する調査―　日本教育工学会論文誌, **32**, 169-172.

Ko, H-C., & Kuo, F-Y. (2009). Can blogging enhance subjective well-being through self-disclosure? *CyberPsychology & Behavior*, **12**, 75-79.

小林正幸　(1998).　不登校問題に対応する新たなシステムの構築　三鷹市教育委員会報告

小林正幸・新藤　茂・和田正人　(1999).　インターネットを用いた不登校児童・生徒に対する援助に関する展望―電子メール相談の可能性について―　東京学芸大学教育学部付属教育実践総合センター研究紀要, **23**, 89-102.

Kraut, R., Kiesler, S., Boneva, B., Cummings, J., Helgeson, V., & Crawford, A. (2002). Internet paradox revisited. *Journal of Social Issues*, **58**, 49-74.

Kraut, R., Patterson, M., Lundmark, V., Kiesler, S., Mukophadhyay, T., &

Scherlis, W. (1998). Internet paradox: A social technology that reduces social involvement and psychological well-being? *American Psychologist*, **53**, 1017-1031.

松田美佐 (2000). 若者の友人関係と携帯電話利用―関係希薄論から選択的関係論へ― 社会情報学研究, **4**, 111-122.

松田美佐 (2001). 大学生の携帯電話・電子メール利用状況 2001 情報研究 (文教大学情報学部), **26**, 167-179.

松尾由美 (2007). メディア依存 坂元章 (研究代表者) メディアが青少年に及ぼす影響に関する研究の動向―文献調査― 平成18年度文部科学省委託「青少年を取り巻く有害環境対策の推進」調査研究事業報告書, 18-31.

松尾由美・大西麻衣・安藤玲子・坂元 章 (2006). 携帯電話使用が友人数と選択的友人関係志向に及ぼす効果の検討 パーソナリティ研究, **14**, 227-229.

McKenna, K. Y. A., Green, A. S., & Gleason, M. E. (2002). Relationship formation on the internet: What's the big attraction? *Journal of Social Issues*, **58**, 9-31.

文部科学省 (2009). 子どもの携帯電話等の利用に関する調査 文部科学省

Morak, J., Schindler, K., Goerzer, E., Kastner, P., Toplak, H., Ludvik, B., & Schreier, G. (2008). A pilot study of mobile phone-based therapy for obese patients. *Journal of telemedicine and telecare*, **14**, 147-149.

中村 功 (2003). 携帯メールと孤独 松山大学論集, **14**, **6**, 85-99.

仲島一朗・姫野桂一・吉井博明 (1999). 移動電話の普及とその社会的意味 情報通信学会誌, **16**, 79-92.

ネットエイジア (2008). ケータイ依存度調査「自分はケータイ依存だと思う」22% ネットエイジア株式会社 <http://www.mobile-research.jp/investigation/research_date_080731.html> (2009年4月28日)

Obermayer, J. L., Riley, W. T., Asif, O., & Jean-Mary, J. (2004). College smoking-cessation using cell phone text messaging. *Journal of American College Health*, **53**, 71-78.

緒方泰子・和泉由貴子・北池 正 (2006). 高校生の孤独感と携帯メールの利用および友人とのネットワークとの関連 日本公衆衛生雑誌, **53**, 480-492.

岡田朋之・松田美佐・羽渕一代 (2000). 移動電話利用におけるメディア特性と対人関係 情報通信学会年報, **11**, 43-60.

岡本 香 (2004). 電子メディア媒介型の対人コミュニケーション評価に関する実証的研究 コミュニケーション形態の違いおよび相手との新密

度の違いが電子メディア媒介型の対人コミュニケーション評価に及ぼす影響の検討　広島大学博士論文（未公刊）

Pennebaker, J. W., & Susman, J. R. (1988). Disclosure of traumas and psychosomatic processes. *Social Science and Medicine*, **26**, 327-332.

Pennebaker, J. W. (1990). *Opening up: The healing power of expressing emotions.* New York: The Guilford Press

Pennebaker, J. W. (2004). *Writing to heal: A guided journal for recovering from trauma & emotional upheaval.* Oakland, CA: New Harbinger Publications.

Phillips, J. G., Butt, S., & Blaszczynski, A. (2006). Personality and self-reported use of mobile phones for games. *CyberPsychology & Behavior*, **9**, 753-758.

Reid, D., & Reid, F. (2004). Insights into the social and psychological effects of SMS text messaging. Retrieved June 25, 2005, from, <http://socio.ch/mobile/index_mobile.htm> （2005年6月25日）.

佐々木真理・石川久美子　(2006).　パソコンメールと携帯メールで作成されたレポートの文章の比較　京都教育大学紀要, **109**, 99-110.

Scealy, M., Phillips, J., & Stevenson, R. (2002). Shyness and anxiety as predictors of patterns of Internet usage. *CyberPsychology & Behavior*, **5**, 507-515.

渋谷昌三　(2002).　携帯電話利用者の心理学的諸特性　目白大学人間社会学部紀要, **2**, 83-95.

総務省　(2010).　平成21年「通信利用動向調査」の結果　報道資料　総務省

高橋　衛　(2007).　子ども　モバイル社会研究所（企画／監修）モバイル社会白書2007　NTT出版　pp.60-89.

都築誉史・木村泰之　(2000).　大学生におけるメディア・コミュニケーションの心理的特性に関する分析―対面，携帯電話，携帯メール，電子メール条件の比較―　立教大学応用社会学研究, **42**, 15-24.

都築誉史・木村泰之・松井博史　(2005).　メディアコミュニケーションにおけるメディア意識と対人意識に関する分析：携帯電話，携帯メール，電子メール条件の比較　立教大学心理学研究, **47**, 25-34.

辻　大介　(2006).　つながりの不安と携帯メール　関西大学社会学部紀要, **37**, 43-52.

辻　大介・三上俊治　(2001).　大学生における携帯メール利用と友人関係―大学生アンケート調査の結果から―　平成13年度情報通信学会大会個人研究発表配布資料

泊　真児　(2004).　携帯メール利用が大学生活への適応に及ぼす影響　人

間関係学研究, 社会学社会心理学人間福祉学, 大妻女子大学人間関係学部紀要, **5**, 25-39.
和田さゆり (1996). 性格特性用語を用いたBig Five 尺度の作成　心理学研究, **67**, 61-67.
Walther, J. B. (1996). Computer-mediated communication: Impersonal, interpersonal, and hyperpersonal interaction. Communication Research, **23**, 3-43.
Widyanto, L., & Griffiths, M. (2007). Internet addiction: Does it really exist? (Revisited), in Jayne Gackenbach, (Ed.), *Psychology and the Internet: Intrapersonal, Interpersonal, and Transpersonal Implications* (2nd Ed.). New York: Academic Press, 141-163.
Wilson, G., & Lester, D. (1998). Suicide prevention by e-mail. *Crisis Intervention*, **4**, 81-87.
Wilska, T.-A. (2003). Mobile phone use as part of young people's consumption styles. *Journal of Consumer Policy*, **26** (4), 441-463.
山下清美・川浦康至・川上善郎・三浦麻子 (2005).　ウェブログの心理学　NTT 出版
山下まいこ (2001).　なぜ生身の人間と付き合えないの？　子どもと健康, **66**, 26-27.
吉田俊和・高井次郎・元吉忠寛・五十嵐祐 (2005).　インターネット依存および携帯メール依存のメカニズムの検討―認知‐行動モデルの観点から―　電気通信普及財団研究調査報告書, **20**, 176-184.
情報通信政策研究所 (2009). ブログの実態に関する調査研究―ブログコンテンツ量の推計とブログの開設要因等の分析―　総務省　<http://www.soumu.go.jp/iicp/chousakenkyu/data/research/survey/telecom/2009/2009-02.pdf >（2009 年 5 月 19 日）

事項索引

あ行
アパシー　*115*
一般攻撃性モデル　*57*
依存
　インターネット——　*85*
　ケータイ——　*124*
　ゲーム——　*50*
因子
　孤独／逃避——　*45*
　友達——　*45*
　仲間——　*45*
インターネット
　——セラピー　*93, 131*
　——依存　*85*
　——中毒　*85*
Wii　*48*
演繹的能力　*56*
援助的行動　*61*
置き換え仮説　*4*
オンラインゲーム　*44*
オンラインでの社会的相互作用への優先傾向　*87*

か行
外向性（Extraversion）　*79, 108, 126*
開放性（Openness to Experience）　*79*
学業成績　*55*
帰納的問題能力　*56*
共感性　*61*
競争（アゴン）　*42*
　——性　*42*
興味刺激理論　*4*
空間視覚化能力　*56*
偶然（アレア）　*42*
空想　*43*
　——性　*42*
ケータイ
　——セラピー　*130*
　——依存　*124*
ゲーム
　——依存　*50*
　——中毒　*51*
　——脳　*54*
現実性　*43*
現場実験　*13*
好奇心　*43*
向社会性　*15*
向社会的
　——行動　*61*
　——シーン　*61*
公的自覚状態　*83*
興奮　*42*
孤独／逃避因子　*45*
孤独感　*86, 114*
孤独不安　*115*
コントロール　*43*

さ行
視覚的注意能力　*56*
視覚的匿名　*83*
自己　*43*
　——愛　*81*
　——開示　*77, 136*
　——開示傾向　*122*

──効力感　45
　　──呈示　72
自然実験　5
自尊感情　81, 106, 129
自尊心　45
私的自覚状態　83
シャイネス　49, 82
社会性　48
社会的学習理論　11
社会的交流　42
社会的属性　72
主観的幸福感　136
情緒
　　──安定性（Emotional Stablity）　79
　　──不安定性　107
衝動性　127
情報活用能力　28
情報処理理論　4
神経症傾向　127
親密性　110
親和感情　119
ステレオタイプ　16
誠実性（Conscientiousness）　79
性役割観　16
セラピー
　　インターネット──　93, 131
　　ケータイ──　130
セルフモニタリング傾向　81
選択的
　　──対人関係志向　111
　　──友人関係論　111

た行
対人
　　──圧力　118
　　──関係志向　109
　　──緊張　117
　　──不安傾向　82
タイプA性格傾向　46
脱感作理論　11
チャレンジ　42
中毒
　　インターネット──　85
　　ゲーム──　51
挑戦　43
調和性（Agreeableness）　79, 107
電子的友達仮説　48
逃避　42, 43
匿名性　72
友達因子　45

な行
仲間因子　45
認知バイアス　120
NintendoDS　47
ネトゲ廃人　52
能力
　　演繹的──　56
　　帰納の問題──　56
　　空間視覚化──　56
　　視覚的注意──　56
　　情報活用──　28
　　批判的思考──　56
　　平行情報処理──　56

は行
パーソナリティ　73
　　──の5因子モデル　79
　　──の特性論　22
培養理論　17
非言語の情報　72
ビッグ・ファイブ（Big Five）　22
批判的思考能力　56

暇つぶし　*43*
Vチップ制度　*27*
富者がさらに富む（rich get richer）　*76*
フルタイム・インティメート・コミュニティ　*113*
ブログ　*134*
平行情報処理能力　*56*
暴力シーン　*57*
本当の自己（true self）　*77*

ま行
密着性　*113*
メタ分析　*5, 60*
メディア・リテラシー　*28*

眩暈（イリンクス）　*42*
モデリング理論　*11*
模倣（ミミクリ）　*42*

ら行
利用と満足（uses and gratifications）研究　*22, 42*
理論
　　興味刺激——　*4*
　　社会的学習——　*11*
　　情報処理——　*4*
　　脱感作——　*11*
　　モデリング——　*11*
レイティング制度　*27*

人名索引

A・B
Altman, I.　*77*
Andison, F. S.　*13*
Archer, J. L.　*121*
Bareford, C. G.　*56*
Barnett, M. A.　*45, 46*
Bavelier, D.　*56*
Bensley, L.　*57*
Bettencourt, B. A.　*24*
Birnie, S. A.　*84*
Buchman, D. D.　*45*
Buerkel, R. A.　*10*
Buerkel-Rothfuss, N. L.　*10*
Burgoon, J. K.　*78*
Bushman, B. J.　*57, 58*

C・D・E
Chak, K.　*84, 87*

Cummings, J. N.　*78*
Danforth, I. D. W.　*52*
Davis, R. A.　*88, 126*
Dill, K. E.　*59, 60*
Edelmann, R. J.　*84*
Eenwyk, J. V.　*57*
Eron, L. D.　*8*
Erwin, B. A.　*90, 93*
Ettema, J.　*19*

F・G
Feng, J.　*44, 56*
Ferguson, C. J.　*60*
Fisch, S. M.　*9*
Floyd, K.　*78*
Gentile, D. A.　*52, 59, 61*
Gosling, S. D.　*79*
Greenberg, B. S.　*43*

Gross, E. F.   95
Gross, L.   11

H・J

Hall, A.   25
Hazelwood, A. J.   133
Hearold, S.   13, 15
High, A. C.   88
Horvath, P.   84
Huffman, K.   39
Hurling, R.   133
Jhonston, J.   19

K・L

Kato, M.   49
Kowalski, R. M.   83
Krahé, B.   26
La Greca, A. M.   83
Leary, M. R.   82, 83
Lepper, M. R.   48, 55
Leung, L.   84, 87
Lin, S.   48, 55
Lopez, N.   83
Lucas, K.   43

M

Maguire, P.   53
Mandell, D.   84
Marks, S.   85
Matheson, K.   83
McClure, R. F.   48
McGee, M. G.   56
Mears, F. G.   48
Miller, L. S.   14
Morahan-Martin, J.   85-87
Muncer, S.   84

O・P・R

Obermayer, J. L.   133
O'Connor, M. C.   24
Olson, C. K.   47, 53
Oppliger, P. A.   20
Parks, M. R.   78, 95
Paunonen, S. V.   24
Payne, J.   49, 59
Peplau, L. A.   86
Perlman, D.   86
Pingree, S.   21
Roberts, L. D.   90, 93
Roberts, R. D.   95
Rothschild, M .   20

S・T・V

Schlenker, B. R.   82
Schumacher, P.   87
Shepherd,, R.,   84
Sherry, J. L.   43, 60
Slater, M. D.   59
Smith, S. L.   12
Taylor, D. A.   77
Tidwell, L. C.   77
van Schie, E. G. M.   55, 61
Vazire, S.   79

W・Y・Z

Weinstein, L.   47
Wiegman, O.   55, 61
Williams, T. M.   5, 19
Yellowlees, P. M.   85
Zanna, M. P.   83
Zuckerman, D. M.   8

あ行

アイゼンク（Eysenck, H. J.）
22, 23, 24
アクソイ（Aksoy, T.） 7
アレン（Allen, M.） 20
アンダーソン（Anderson, C. A.）
57-61
アンダーソン（Anderson, D. R.）
8, 9
ウィーバー（Weaver, J. B.） 25
ウィリアムズ（Williams, P. A.）
5, 6
ウィルスカ（Wilska, T. A.） 129
ウィルソン（Wilson, G.） 132
ウォルザー（Walther, J. B.） 72, 77, 78, 119
ウッダード（Woodard, E.） 15
ウッド（Wood, W.） 13
エーレンバーグ（Ehrenberg, A.）
107, 108
エンネモザー（Ennemoser, M.）
8, 9
オルポート（Allport, G. W.） 2, 22, 103
青柳 肇 22
赤坂瑠以 113
赤堀侃司 132
浅井亜紀子 119
東 清和 16
東 浩紀 37, 38
足立由美 113, 120
安藤寿康 3
安藤玲子 55, 84, 89-93
五十嵐祐 91, 93
石川久美子 121
和泉由貴子 116
磯貝奈津子 93
井堀宣子 49, 55, 59, 61
岩男壽美子 12, 18
岩重健一 46
魚住絹代 38
遠藤明子 47
近江 玲 8
大貫和則 122
岡田尊司 10, 49, 50
岡田斗司夫 38
岡田朋之 109, 111
緒方泰子 114, 116
岡本 香 118, 119

か行

ガーブナー（Garbner, G.） 11, 12, 17
カイヨワ（Caillois, R.） 41, 42
カトナー（Kutner, L.） 47, 53
カムストック（Comstock, G.）
13, 60
カラホカ（Karahoca, A.） 108
キーン（Kean, L. C.） 25
キャッテル（Cattell, R. B.） 22
キャプラン（Caplan, S. E.） 86, 87, 88
クールストラ（Koolstra, C. M.）
7-9
クオ（Kuo, F-Y.） 136
クラウト（Kraut, R.） 75, 76, 90, 91, 93, 138
グリーン（Green, C. S.） 56
クリステンセン（Christensen, P. N.） 13, 14
グリフィス（Griffiths, M.） 124, 125
クルクマー（Krcmar, M.） 25
ケステンバウム（Kestenbaum, G. I.） 47

コー（Ko, H-C.） *136*
コスタ（Costa, P. T. Jr） *22, 25*
コルウェル（Colwell, J.） *45, 49, 59*
葛西真記子 *44, 46, 53*
笠木理史 *122*
春日 喬 *93*
加藤尚吾 *120, 132*
上別府圭子 *129, 130*
神村栄一 *39*
川浦康至 *136, 137*
木内 泰 *122*
北池 正 *116*
北村晴朗 *103*
木村文香 *49, 93*
木村泰之 *118, 119*
栗谷とし子 *44*
小林久美子 *86*
小林正幸 *131, 132*
子安増生 *3*

さ行

シーリー（Scealy, M） *84, 107*
ジェイムス（James, D.） *124*
シクロフスキー（Shklovski, I.） *78, 95*
シニョリエリ（Signorielli, N.） *16-18*
シム（Shim, J. W.） *25*
シュナイダー（Scheneider, W.） *8*
ジョインソン（Joinson, A. N.） *77, 95, 122*
ジル（Gill, A. J.） *120, 121*
ストール（Stoll, C.） *69*
セルノウ（Selnow, G.） *48*
坂元 章 *5, 8, 12, 13, 27, 28, 44, 49, 55-57, 59, 61, 90, 93, 94, 113*
坂元 桂 *7*
坂本 昂 *93*
相良順子 *16*
佐々木輝美 *10*
佐々木真理 *121*
渋谷明子 *57, 59*
渋谷昌三 *110*
志村 誠 *91, 93, 95*
城 仁士 *45*
白石信子 *41*
杉浦仁美 *129, 130*
杉浦義典 *22-24*
杉谷陽子 *83*
鈴木佳苗 *27, 28, 60, 122*

た行

チャールトン（Charlton, J. P.） *52*
デイビットソン（Davidson, E. S.） *19*
ドレンナン（Drennan, J.） *124*
大坊郁夫 *122*
高橋 衛 *105*
高比良美詠子 *15*
高山草二 *43, 46*
瀧本孝雄 *23*
田村 毅 *94*
丹野義彦 *22-24*
塚本久仁佳 *93*
辻 大介 *110, 114-116, 122*
都筑誉史 *117-119*
泊 真児 *114, 115*
外山直樹 *3*

な行

ナビ（Nabi, R. L.）　24
内藤まゆみ　15
仲島一郎　113
中村　功　112, 114, 115
二階堂正直　54
西村洋一　83, 84, 90, 93
新田まや　45, 46
二宮克美　3
野村　忍　46

は行

パーヴィン（Pervin, L. A.）　3
バーコヴィッツ（Berkowitz, L.）　11
バージ（Bargh, J. A.）　71, 72, 77, 82
パイク（Paik, H.）　13, 15, 60
バキュー（Bacue, A.）　17
バラック（Barak, A.）　94
ハリソン（Harrison, L. F.）　5, 18, 19
バンデューラ（Bandura, A.）　11
ビアンキ（Bianchi, A.）　126, 129
ヒューズマン（Huesmann, L. R.）　8, 14
ビリュー（Billieux, J.）　127
ファンク（Funk, J. B.）　45, 61
フィリップス（Phillips, J. G.）　107-109, 126, 129
フィン（Finn, S.）　25
ブット（Butt, S.）　107-109
ベイカー（Bakker, K.）　53
ペルセガーニ（Persegani, C.）　25
ヘレット＝スケジェラム（Heret-Skjellum, J.）　20
ペンネベーカー（Pennebaker, J. W.）　135
ポール（Paul, B.）　25
秦　一士　26
浜田敬子　3
林　潔　135
原田悦子　121
平井大祐　44, 46, 53
府元　昭　55
古谷嘉一郎　122, 123
堀内由樹子　11

ま行

マーカス（Marcus, B.）　80-82
マクィルレイス（Mcilwraith, R D.）　24
マックレー（McRae, R. R.）　22, 23
マッケンナ（McKennna, K. Y. A.）　71, 72, 77, 78, 82, 95, 119
マレス（Mares, M-L.）　15
モーガン（Morgan, M.）　16, 20, 21
モラック（Morak, J.）　133
増田智子　1
桝山　寛　42
松井博史　118, 119
松尾由美　112, 124
松崎展也　59
松田　剛　55
松田美佐　109, 111, 112
三上俊治　110, 114, 122
宮田加久子　71
村田光二　19
森　昭雄　54
諸藤絵美　1

や行

ヤング（Young, K. S.）　　*85*
山下清美　*135*
山下まいこ　*109*
湯川進太郎　*10, 11, 14, 26, 59*
湯地宏樹　*56*
吉田俊和　*126, 127-129*
吉田由美　*44*

ら行

ライト（Wright, J. C.）　*9*
ラインバーガー（Linebarger, D. L.）　*9*
リッチー（Ritchie, D.）　*7*
リドル（Riddle, K.）　*24*
リンク（Rink, C. R.）　*7*
レイゼル（Razel, M.）　*6*
レイド（Reid, D.）　*116*
レイド（Reid, F.）　*116*
レスター（Lester, D.）　*132*
レメンズ（Lemmens, J. S.）　*51*

わ行

ワイディヤント（Widyanto, L.）　*124*
和田さゆり　*127*

編者紹介
坂元　章　お茶の水女子大学大学院人間文化創成科学研究所教授

執筆者紹介
第1章　近江　玲　　お茶の水女子大学文教育学部非常勤講師
第2章　渋谷明子　　慶應義塾大学メディア・コミュニケーション研究所研究員
第3章　西村洋一　　北陸学院大学人間総合学部社会福祉学科講師
第4章　赤坂瑠以　　お茶の水女子大学学生支援センター講師

クロスロード・パーソナリティ・シリーズ 第2巻
メディアとパーソナリティ

2011年3月20日　初版第1刷発行　（定価はカヴァーに表示してあります）

　　　　　　　　　　編　者　坂元　章
　　　　　　　　　　発行者　中西健夫
　　　　　　　　　　発行所　株式会社ナカニシヤ出版
　　　　〠606-8161　京都市左京区一乗寺木ノ本町15番地
　　　　　　　　　　　　　　Telephone　075-723-0111
　　　　　　　　　　　　　　Facsimile　075-723-0095
　　　　　　　　　　Website　http://www.nakanishiya.co.jp/
　　　　　　　　　　E-mail　iihon-ippai@nakanishiya.co.jp
　　　　　　　　　　　　　　郵便振替　01030-0-13128

装幀＝白沢　正／印刷・製本＝亜細亜印刷
Copyright © 2011 by A. Sakamoto
Printed in Japan.
ISBN978-4-7795-0401-3

本書のコピー，スキャン，デジタル化等の無断複製は著作権法上の例外を除き禁じられています。本書を代行業者等の第三者に依頼してスキャンやデジタル化することはたとえ個人や家庭内の利用であっても著作権法上認められていません。